Les Noirs américains
En marche pour l'égalité
by Pap Ndiaye
Copyright © Gallimard 2009
Japanese translation rights
arranged with Edition Gallimard
through Motovun Co.Ltd.

本書の日本語翻訳権は株式会社創元社が保持する。本書の全部ないし一部分をいかなる形においても複製、転載することを禁止する。

日本語版監修者序文

明石紀雄

　アメリカ黒人の歴史は，おおむね，奴隷であった時代と，奴隷制が廃止（1865年）されて以後の2つの時代に分けられる。前者は約250年つづき，後者は現在まで約150年が経過した。

　自由の地位を得てからも，元の奴隷およびその子孫であった黒人たちは，平等な待遇を得られたわけではなかった。アメリカ社会がすべての国民に約束している自由と平等を得るまで，彼らは長期間待たなければならなかった。彼らもまた"アメリカン・ドリーム"（アメリカの夢）の達成に参画する資格があることが広く認められるようになったのは，20世紀の半ばを過ぎてからである。長い道のりを経て，2009年にアフリカ人を先祖に持つ初めての大統領バラク・オバマが誕生した。それはアメリカ合衆国の歴史にとって，まさに画期的な出来事だった。

　「黒人＝アフリカからの移住者」が，アメリカ最初の植民者であり，先住インディアンやヨーロッパからの移民たちと共にアメリカ合衆国の建国に大きな貢献をしたこと，いいかえれば彼らもまた「建国の父祖」であったことは今日では広く認められている。しかし，他の人々と顕著に異なる点がひとつある。それは，彼らがアメリカに到着後

の比較的早い時期から、奴隷としてアメリカ社会にあったということである。

　アメリカに発達した奴隷制についての研究は多くある。アフリカからの奴隷貿易、南北アメリカ大陸の他の国々に発達した制度との比較、建国期において同制度が承認された経過、大農園(プランテーション)における奴隷の生活、奴隷の労働に依拠した綿花生産の実態などが明らかにされてきた。他方、解放＝奴隷制廃止後のアメリカ黒人の歴史についても研究は多くあり、本書もそのひとつである。人種関係にかかわるいくつかの深遠なテーマを、平易な表現を用い、豊富な資料をもって裏付けた、バランスのある記述を提起している。

　アメリカ黒人の歩みを本書の記述にそって振り返ってみる。本書は、奴隷制の廃止を含め、同制度を擁護してアメリカ合衆国からの離脱を試みた南部11州を近代化するさまざまな改革、いわゆる再建期（1865〜1877年）を描くことから始まる。この時期、奴隷の身分から解放された黒人は、希望に溢れていた。彼らは、他の合衆国民と同じ自由を享受し、平等の待遇を受けることが出来るという大きな期待を持った。

　しかし、彼らの希望は失望に変わって行った。白人支配が南部において復活し、黒人に対する体系的な差別が定着していったからである。「ジム・クロウ」と呼ばれたそうした差別では、黒人を白人から分離（隔離）することが慣習化し、法律によって

正当化された。「分離されていても平等」であれば分離（隔離）は合法的であるという判決（プレッシー判決）が，1896年連邦最高裁判所によって出された。人種の違いによる社会的格差は，かつて奴隷制が存在したアメリカ南部においてとくに顕著になった。

　このような状況から逃れることを願い，多くのアメリカ黒人が，産業化が進み，労働力への需要が大きかった北部の工業地帯および都市に移り住んだ。「大移動」と呼ばれるこうした黒人の大量移住は，彼らの生活環境を向上させた。同時に，第1次世界大戦および第2次世界大戦に兵士として参加し，自国以外の地域での人種関係のあり方を体験したことで，アメリカ黒人の意識は大きく変貌することとなった。

　第2次世界大戦後，アメリカ黒人の地位向上をめざす新しい動きは1950年代に始まった。公教育における人種の違いを理由にした分離（隔離）は違憲であるとした1954年のブラウン判決は，1896年のプレッシー判決を覆すものであった。これに力を得て始まった，アメリカ社会における根強い偏見と差別を告発する法廷闘争・非暴力の抗議は公民権運動として知られる。それを指導した者の多くは，キリスト教会の牧師だった。その中で最も主要な役割を果たしたのが有名なキング牧師である。彼の業績を描くことは，本書の中心的テーマのひとつとなっている。

キング牧師の非暴力主義は黒人の支持を得，多くの白人の心に訴えた。2つの重要な法律——1964年と1965年の公民権法——が，彼および彼の支持者の尽力により成立した。これらは公民権運動のクライマックスであった。しかし，キングが率いたような運動には限界があることが指摘された。非暴力主義とは異なるより極端な手段を唱える黒人運動家も出た。暴力に訴える思想はアメリカ黒人社会において定着しなかった。しかし，黒人議員や黒人市長を選挙によって増やすという戦術は，初期の公民権運動が予測しえなかった成果をもたらした。先述の大統領選挙におけるオバマの勝利はその最たるものである。

　かくて，「自由と平和への長い道のり」（本書副題）を経て，アメリカ黒人は現在ある地位に到達した。キング牧師が1963年8月28日に語ったように，彼らが「肌の色によってではなく人格だけによって評価される」日が到来したかのように見える。その日が真に到来したかどうかについては，見る人によって評価は異なるであろう。しかし，W・E・B・デュボイスが1世紀前に述べたように，「黒人であると同時にアメリカ人でありたい」（『黒人の魂』1903年）ということは，今もって彼らの理想としてあるのであり，この「二重意識」がアメリカ黒人のさらなる地位向上につながるかどうかについて，今後も注意深く見守っていくことが肝要である。

「私は今日伝えたい，友よ。今日も明日も私たちは困難に直面しているが，それでもなお，私には夢があると」
1963年8月28日
マーティン・ルーサー・キング

ワシントン大行進，リンカーン記念堂での演説「私には夢がある(アイ・ハヴ・ア・ドリーム)」からの抜粋
(次頁以降の言葉も同じ：各頁の写真は巻末の出典参照)

「私には夢がある。
いつの日か、ジョージアの赤い土の丘の上で、かつて奴隷だった者の子どもたちと、かつて奴隷の主人だった者の子どもたちが、兄弟として同じテーブルにつくことができるという夢が」
「私には夢がある。
いつの日か、私の4人の幼い子供たちが、肌の色によってではなく、人格そのものによって評価される国に住むという夢が」

「もし，アメリカが偉大な国家になる運命なら，このことが実現されなければならない。
だから，自由の鐘を打ち鳴らそう，ニューハンプシャーの雄大な丘の上から。
自由の鐘を打ち鳴らそう，ニューヨークの巨大な山々から」

「自由の鐘を打ち鳴らそう，高くそびえるペンシルヴェニアのアルゲニー山脈から。
自由の鐘を打ち鳴らそう，コロラドの雪を頂いたロッキー山脈から。
自由の鐘を打ち鳴らそう，カリフォルニアのなだらかな丘から」

「(そうすれば) すべての神の子が, 黒人も白人も, ユダヤ人も異教徒も, プロテスタントもカトリックも, すべての人びとが, 手に手をとってあの古い黒人霊歌を共に歌える日が, すぐにやって来ることだろう。『ついに自由が訪れた。ついに自由になれたのだ。全能の神に感謝しよう。私たちはついに自由になったのだ』と」

CONTENTS

第1章 希望から失望へ ……………………………………… 17

第2章 「分離はしても平等」 ……………………………… 37

第3章 「大移動(グレート・マイグレーション)」の時代 ……………………………… 55

第4章 キング牧師と公民権運動 …………………………… 79

第5章 政治的権利と経済格差 ……………………………… 115

資料篇 ①法的権利の推移 ………………………………… 134
―自由と平等への長い道のり― ②指導者たちの思想 …………………… 137
③北部への移住希望者から新聞社への手紙 … 149
④「フリーダム・ライド」の参加者の証言 …… 152
⑤ハリウッドの黒人俳優たち …………………… 155

年表 ……………………………………………… 158
INDEX …………………………………………… 160
出典（図版） …………………………………… 162
参考文献 ………………………………………… 166

アメリカ黒人の歴史——自由と平和への長い道のり——

パップ・ンディアイ❖著
明石紀雄❖監修

「知の再発見」双書149
創元社

❖1865年に南北戦争が終わったとき、400万人の黒人奴隷たちは、ついに自分たちが解放され、アメリカ市民としての完全な権利をもつ日がきたのだと考えた。事実、それから15年のあいだ、黒人たちには投票権があたえられ、新たに誕生した黒人議員たちが積極的に政治活動に参加した。しかしとくに南部の白人たちは、なんとか時計の針を逆に進めようと、1880年代以降、あらゆる手を使って黒人が獲得した権利（投票権と自由）を奪っていった。こうしてアメリカ黒人の「短い希望の時代」は、すぐに終わりをむかえることになった。…………

第 1 章

希望から失望へ

〔左頁〕「農園から議会へ」と題されたリトグラフ。解放された黒人奴隷のなかから議員が誕生したことをたたえたもの（1883年ころ）──南北戦争後、黒人に選挙権があたえられ、黒人議員が誕生したことで、大きな希望の時代がはじまった。しかしその後、黒人たちはたしかに奴隷の身分からは解放されたものの、彼らが手にしたのは完全な自由ではないことが、しだいにあきらかになっていった。

⇨白人至上主義をとなえる秘密結社クー・クラックス・クランと白人同盟のメンバーが、黒人の家族を脅しているところ（版画、1874年）──南北戦争後、解放された黒人のなかには、「奴隷時代よりもひどい」現在の生活を嘆き、過去をなつかしむ人びともいた。

奴隷制度が禁止される

アメリカ南部に住む約400万人の黒人奴隷たちにとって、1861年から1865年にかけて起こった南北戦争は、「自由」を手にするための大きなきっかけとなるはずの戦いだった。1860年11月、奴隷制の拡大に反対する共和党のエイブラハム・リンカーンが大統領に当選した結果、奴隷制度を支持する南部の諸州が次々と合衆国から連邦から離脱し、その結果、1861年4月、アメリカの歴史でただ一度の「内戦」が勃発したのである。

戦争が激化するなか、1863年1月1日に、リンカーンは奴隷解放宣言を発布した。その内容は、合衆国に対して反乱状態にある地域の奴隷は即時、無償解放されること、そして黒人奴隷が主人のもとを逃げだして北軍に加わった場合、すぐに自由をあたえるというものだった。もともと北軍が南軍（連合国軍）と戦争を始めた理由は、南部諸州の合衆国からの離脱を阻止するためだったが、この宣言によって、以後、奴隷解放が南北戦争の主な目的と見なされるようになった。

南部の奴隷たちは、この戦争に積極的に関わっていった。彼らは主人の命令を拒んだり、農園での仕事を怠けたり、さらには脱走することで、南部

⇩南北戦争中、黒人兵を募集する歩兵連隊のポスター（ペンシルヴェニア州）——南軍との戦闘で死亡する危険があったにもかかわらず、多くの黒人男性が北軍の徴集に応募した。

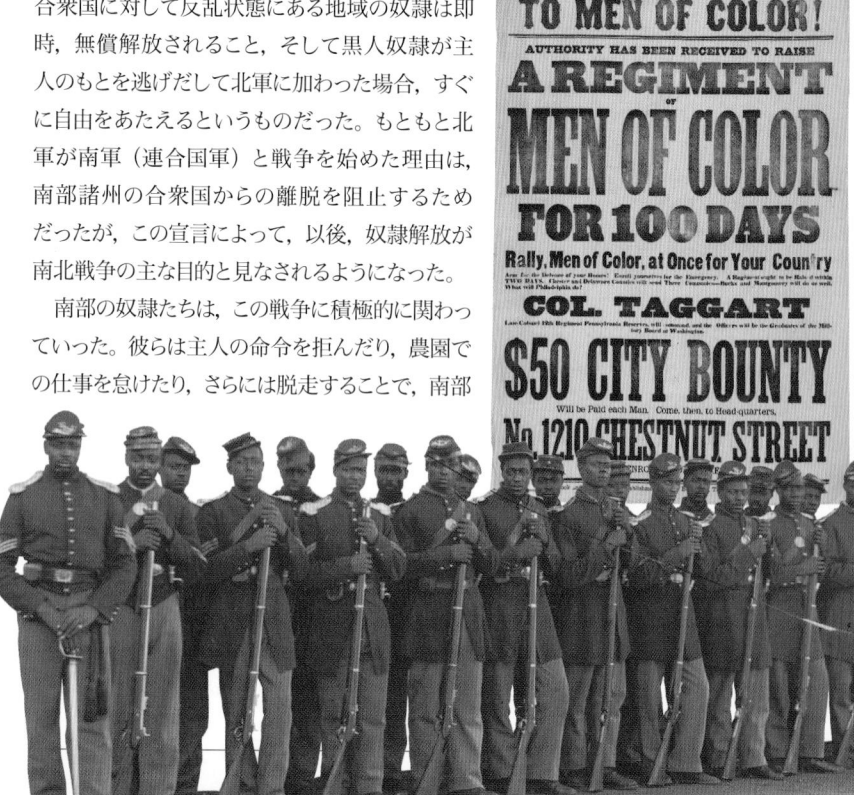

の経済を混乱させ、その結果、南北戦争終結時に南部の経済は壊滅状態になっていた。また奴隷たちは、北軍の兵士となって積極的に戦闘に加わり、北軍の勝利に大きく貢献した。これは奴隷解放宣言を発布したリンカーンの筋書きどおりの事態だった。

その後、奴隷制度は、1865年12月に批准・成立した憲法修正第13条によって、廃止することが決められた。こうしてイギリス人のアメリカ入植以来、約250年間つづいた奴隷制度は、アメリカ合衆国全土で禁止されることになったのである。

黒人取締法

奴隷の身分から解放された黒人たちは、長年望んでいた自由を手にしたことに大きな喜びを感じていた。それまでは自分の行きたいところへ行くことなど、とてもできなかったのが、いまでは自由に旅行もでき、売買されて離ればなれになっていた肉親と再会することもできるようになった。傲慢な主人の命令にただ従って働くことなど、もはや考えられず、彼らは自分たちが「完全な自由」を手にしたのだと思った。しかし現実には、解放された

〔左頁下〕黒人兵からなる第4歩兵連隊（リンカーン砦にて）――北軍は当初、南軍をすぐに撃破できると考えていた。しかし1862年以降、その見通しがあやしくなり、戦いが激化していったため、新しい兵士を補充することが難しくなった。そこで北軍は、奴隷解放を戦争の目的としてかかげ、そのことで多くの黒人兵を徴兵しようとした。

事実、戦争末期には17万9000人の黒人歩兵（これは全兵力の10パーセントにあたる）と、1万9000人の黒人水兵が、北軍に参加していた。彼らのうち4万人が命を落とし、そのうち1万人は直接戦闘で死亡している。

白人の司令官は、黒人の戦闘能力を高く評価していなかったため、彼らをあまり最前線には送らなかったようである。しかし、たとえばワグナー砦の戦いでは、黒人兵からなるマサチューセッツ第54志願兵連隊がめざましい働きを見せ、その半数が戦いのなかで命を落としている。

▷ アーカンソー州（南部）のリトルロックで、家族から熱狂的にむかえられる黒人復員兵（「ハーパーズ・ウィークリー」誌の挿絵 1866年5月19日号）

黒人奴隷の社会的地位には大きな問題があり、政治的権利も認められていなかった。

黒人の労働力を必要とする南部の白人農園主たちは、なんとか奴隷制度廃止の影響を最小限にとどめ、黒人を自分たちの支配下に置きつづけたいと考えていた。その結果、1865年に南部諸州の州議会は、「黒人取締法」という名で知られる非人道的な法律を制定したのである。

たとえばミシシッピ州では、黒人は許可なく農園の敷地内を出ることができず、黒人をむちで打つことも認められ、黒人は酒を飲むことも禁じられた。またサウスカロライナ州では、黒人労働者は「使用人」としてあつかわれ、奴隷時代のように1週間に6日、夜明けから日没まで、「主人」のために働かなければならないとされた。解放されたはずの黒人の権利は、そうした段階にとどまっていたのである。

連邦議会（合衆国議会）が黒人の公民権を認める

こうした南部で制定された黒人取締法に対して、北部は怒り、共和党が過半数をしめる連邦議会によって、この法律が無効であることを決議した。1866年3月、連邦議会は黒人に公民権をあたえる法律を制定し、1868年に批准された憲法修正第14条で、アメリカ合衆国市民はみな平等の権利をもっており、黒人に投票権を認めない州は、事実上連邦議会に代表者を送ることができないと定めた。さらにこの条項を補強

⇩懲罰用の棒をもった監督に従い、綿花の袋を運ぶ奴隷たち（1860年ころ）──南北戦争が終わっても南部の白人農園主たちは、なんとか奴隷制度に近い強制的労働形態を維持しようと考えていた。とはいえ、大半の解放された黒人の労働環境は、以前より向上していた。

FREEDMAN'S BUREAU!

NEGRO IN IDLENESS AT THE EXPENSE OF THE WHITE MAN.
THE PRESIDENT, AND MADE A LAW BY CONGRESS.
SUPPORT THE NEGRO. SUSTAIN THE PRESIDENT & YOU PROTECT THE WHITE MAN

⇦解放民局に反対する民主党のポスター（1866年）——南北戦争が終結した1865年には，南部の経済は壊滅状態になっていた。解放された黒人たちも，いざ自由を手に入れたものの，独自の生計手段をもたなかったため，きびしい経済状況のなか必死に仕事を探さなければならなかった。そうした解放された黒人たちの権利を守り，彼らを社会復帰させるため，連邦議会は解放民局を設立した。

するため，1870年に批准された憲法修正第15条で，人種，肌の色，過去に奴隷の身分だったことを理由として，投票権を奪うことが禁じられた。また1875年の公民権法では，公共の場所での人種差別（人種分離）が禁止された。

もちろん，もしもこの時点で，解放された黒人全員に土地をわけあたえるという，より進歩的な政策が実現していたら，南部の社会構造は根本から変化していたかもしれない。だが少なくともこの段階で，解放されたすべての黒人に公民権を認める法律が制定されたということは，非常に意義のあることだったといえるだろう。

一方，それとは逆に，解放された奴隷たちにさまざまな援助をする目的で1865年5月に設立された解放民局は，黒人たちの期待を大きく裏切るものだった。解放民局は人手も資金も不足していたため，食糧を配給する以外の事業をほとんどできず，まもなく業務を縮小し，1872年には閉鎖された。

その結果，奴隷時代にたくわえていたお金で小さな土地

⇧「解放民局は白人の犠牲において，黒人の怠惰を助長している」と書かれたポスター——解放民局は，当初は1年の期間限定で設立された。その後，南部の白人に協調的だったアンドリュー・ジョンソン大統領が拒否権を発動したものの，連邦議会はその期限を延長する法案を再可決し，成立させた。

⇦ブランチ・K・ブルース（1841〜98年）——1875年から81年まで上院議員を務めたブルース（共和党,ミシシッピ州選出）は,以前は奴隷だった。父は白人の奴隷制擁護者で,母は黒人の召使だった。南北戦争後,教育者,次に農園主となり,その後政界に入った。「再建」時代の南部で選出されたもうひとりの黒人上院議員にハイラム・レヴェルズがいる。

を手に入れたわずかな人びとをのぞいて,大半の黒人は分益小作人となるしか道はなかった。分益小作とは,地主が土地を小作人に貸し,一定の割合の収穫物を徴収する制度で,分益小作人となった黒人は,今度は契約によって以前の主人に拘束されることになったのである。

解放民たちは,戦争中のスローガン通り,「40エーカー（16ヘクタール）の土地と1頭のラバ」があたえられると信じたが,その願いは実現しなかった。しかしその後,みずからの力で土地を所有することができるようになった黒人の数はしだいに増え,1870年には2パーセントしかいなかった黒人自作農が,1890年には21パーセント,1910年には24パーセントにまで増加していった。

「南部再建法」と,黒人の政界進出

連邦議会が制定した法律が守られるよう,南部諸州は連邦軍（合衆国軍）の支配下に置かれることになった。1867年の「南部再建法」によって,南北戦争時に南軍に属していた11の州（ただしテネシー州をのぞく。テネシー州はこの

⇧「ハーパーズ・ウィークリー」誌の表紙——解放された奴隷が1867年にはじめて投票権を行使したときの様子。この出来事は,当時の新聞や雑誌で広く伝えられた。

時点ですでに憲法修正第14条を批准し、連邦議会に代表を送ることを認められていた）は、5つの地区に分割され、それぞれの地区に軍隊が配置され、正常な政治が行なわれているかどうかが監視された。

その結果、各州で黒人男性が選挙人名簿に登録されるようになり、1866年から70年にかけて、南部諸州はふたたび連邦議会に代表を送ることができるようになった。南部の多くでは黒人が有権者の大半をしめるようになり、彼らはみなリンカーン大統領がいた共和党に投票したため、共和党が議会の多数派をしめるようになった。1870年から76年にかけて、633人の黒人が州議会議員（そのうち190人はサウスカロライナ州議会議員）に、17人の黒人が連邦議会議員に、そのほか多くの黒人が保安官や市長に選ばれた。

黒人の多くは、ユニオン連盟という秘密結社のメンバー

⇩州下院で演説するロバート・B・エリオット——黒人が人口の大半をしめるサウスカロライナ州など、南部の州議会には、多くの黒人議員がいた。

1874年1月6日に、サウスカロライナ州下院議員だった共和党のロバート・B・エリオット（1842〜84年）は、公民権に関する演説を行なった。このリトグラフで議場の上にかかげられているのは、アメリカ合衆国の旗。サウスカロライナ州は、1868年に合衆国に復帰した。

だった。共和党と関係が深いこの連盟は，南北戦争中に連邦政府（合衆国政府）を支持するために北部で結成されたが，戦後はその活動を南部全土に広げていった（ロイヤル連盟と改称）。サウスカロライナ州には88の地方支部があり，州内の黒人のほとんどが同連盟のメンバーだったとされる。

黒人のあいだにも，さまざまな階級があった。サウスカロライナ州では，黒人政治家の大半が大都市チャールストンの出身で，以前の自由黒人，つまり奴隷ではない黒人だった。そのため彼らは，奴隷制度廃止によって分益小作人となった元奴隷が社会に求めるものを，十分に理解することができなかった。

それでも解放された黒人たちは精力的に政治活動を行なった。何十人，ときには何百人もが集まって会議を開き，自分たちをとりまく政治的・社会的状況について討論し，解決法を見いだそうとした。その結果，農業組合，学校，白人から身を守るための自警団などが次々と設立されていった。

⇩頭巾をかぶったクー・クラックス・クランのメンバー——テロリスト集団の活動がさかんだったアラバマ州で，1867年ころに撮影された写真。

さまざまな脅迫

一方，黒人の有権者と当選者に対する，さまざまな脅迫もはじまった。たとえば南北戦争後の1865年に，南軍の退役軍人ネイサン・ベッドフォード・フォレストによってテネシー州で設立された白人至上主義の秘密結社クー・クラックス・クラン（KKK）は，南北戦争と黒人の投票権によって失われた，南部での白人の支配的地位を，暴力

によって回復しようとしていた。

黒人の有権者は、頭巾をかぶったKKKのメンバーにさらわれ、むちで打たれたり、ときには首を絞められて殺害された。黒人の当選者や彼らを支持する白人も脅迫を受けた。KKKの指導者たちは、以前黒人奴隷を所有していた農園主、商人、法律家、医師など、地方の有力者だったが、メンバーの大半は、社会の変化に反感や不安をもつ白人の一般大衆だった。

このような事態に対し、連邦議会はKKKをはじめとするテロリスト集団を制裁する決議を行なった。その結果、1872年以降、KKKの組織は事実上解体した。しかし、ルイジアナ州の白人同盟、サウスカロライナ州の赤シャツ隊など、各地で暴力的な自警団が数多く存続しつづけた。

北部の共和党員が南部との関係を断ちはじめる

連邦政府は、黒人や彼らに味方する白人の共和党員を保護することに、しだいに消極的になっていった。奴隷制度廃止を支持していた北部の白人たちもそのほとんどが、政府はすでに黒人のためにできるかぎりのことをしたのだから、今後は国の経済発展のために南部の白人と和解すべきだと考えていた。共和党の幹部も、南部の黒人議員より、黒人によって選ばれた南部の白人議員を優遇する傾向にあった。

"ONE VOTE LESS."

☆クー・クラックス・クランのメンバー（ニューヨーク州、1870年ころ）——KKKは当初、南北戦争後の混乱した社会に数多く生まれた秘密結社のひとつにすぎなかった。だが、以前の南部社会の復帰を望む少数の奴隷制度擁護者が集まったこのグループの白い頭巾とガウンを身につけ、たいまつを手に町を練り歩く姿は人目を引き、多くの白人の支持を得た。

メンバーのなかには顔を堂々と見せていた人びともいる。白人自警団は、あらゆる手段を使って黒人の投票を妨害しようとした。

↑殺害された黒人の姿を描いた「ハーパーズ・ウィークリー」誌の挿絵。

こうして解放された黒人たちが頼れるのは，自分たちだけになってしまった。各地でKKKやそのほかの白人団体から身を守るため，自警団が組織化された。ロイヤル連盟のメンバーは南部全土をまわって抵抗運動をよびかけ，連盟支部のなかには軍隊式のパトロールを行なうところもあった。この時期南部では，黒人有権者の多くが銃やナイフをもって投票所に向かっている。

　白人と黒人の自警団が争うことも多かった。たとえば1874年にミシシッピ州のヴィックスバーグでは，数日間の戦いのなかで29人の黒人が死亡した。連邦軍が介入した結果，町の治安は回復したが，以後，ヴィックスバーグでもほかの都市でも，連邦軍は白人自警団に味方することが多くなった。

　さらに1876年の大統領選挙によって，決定的な転機が訪れた。史上まれに見る接線となったこの選挙は，結局共和党のラザフォード・ヘイズの勝利に終わったが，その勝利の裏には裏取引があった。つまり，南部がヘイズの当選を黙認するかわりに，共和党は南部から連邦軍を撤退させるという，民主党とのあいだの密約があったのである。

　大統領になったヘイズは，約束どおり南部から連邦軍を撤退させた。その結果，黒人の解放が進んでいた南部では，かつての白人支配者層が復権し，黒人への人種差別も再開されることになった。そして「南部再建(レコンストラクション)」の時代が終わりを告げたあと，南部は約1世紀のあいだ，保守的な民主党の支配下に入ることになる。

⇩1875年にミシシッピ州で行なわれた選挙での光景——こうした黒人有権者に対する脅迫は，日常茶飯事だった。白人の支配的地位をとりもどそうとしていた人びとは，黒人有権者が共和党の候補者に投票することを阻止するため，彼らが投票所に入れないよう妨害したり，民主党の候補者に投票するよう彼らに強制した。

　白人自警団は非常に暴力的な手段をとったので，黒人有権者には実際のところ選択の余地はなかった。あるものは自宅に残り，あるものは脅迫されないようどこかに身を隠した。なかには自分の権利を行使するために，勇気をもって投票所へ向かうものもいたが，この版画のように，結局目的を達成することはできなかった。

026

失望を乗りこえて、前向きに進む黒人たち

「南部再建(レコンストラクション)」の時代が終わり、ふたたび黒人たちの目の前で自由への扉が閉ざされようとしていた。12年前、南北戦争で南軍が敗北したとき、彼らは大きな希望で満たされていたが、いまやそれは失望と苦痛に変わりつつあった。

とはいえ、彼らの大半は、そうはいっても現在のほうが、奴隷時代よりはるかにましだと考えていた。たしかに分益小作人は自作農に比べると不公平な条件をあたえられていたが、奴隷制時代に比べると労働のつらさもやわらいでおり、むちで打たれることもなかった。さらに彼らは教育と宗教の分野に希望の光を見出していた。

奴隷時代の黒人には、読み書きを習う自由がなかった。奴隷の主人たちは、黒人に読み書きを教えると、知恵がついて反乱を起こしたり逃亡計画を立てたりする恐れがあると考えていたからである。そうしたなかでも主人に隠れて読み書きを勉強していた黒人もいて、解放後、黒人たちはなによりも

↑黒人の子どものための学校(1916年、アンソストン、ケンタッキー州)——南北戦争の終結直後から、解放された黒人たちは、なんとしてでも読み書きを学びたいと考えていた。解放民局は学校の設立を奨励し、数多くの学校で子どもたちが学ぶようになり、ときには夜、大人たちが勉強することもあった。1870年ころには、25万人の生徒がいたと思われる。

メソジスト教会とバプテスト教会(共にプロテスタントの一派)も、黒人の子どもための学校を積極的に設立していった。校舎は仮設の建物で、経済的にも恵まれていなかったが、黒人の教育はめざましく進んでいった。

↑フィスク大学の「ジュビリー・シンガーズ」(1870年代)——1871年にデビューしたとき、ジュビリー・シンガーズの前途は多難だった。北部の小さな都市の白人は、黒人の宗教音楽にあまりなじみがなかったからである。しかし、高い歌唱力やすぐれた曲目によって、またたくまにジュビリー・シンガーズの評判は高まっていった。彼らはホワイトハウス(大統領官邸)でも歌声を披露し、その後、ヨーロッパでも公演を行なった。ヨーロッパの王族の前でも歌い、イギリスのヴィクトリア女王は「黒人が、これほど見事に合唱をするとは」と書きしるしている。

ジュビリー・シンガーズの楽譜(←)は、たちまちベストセラーになった。

まず読み書きを習うべきだと考えた。必要なのは、学校と教師と教科書だった。

はじめのころ、彼らは自分たちで学校を建て、家族そろってそこに通った。最初は北部からやってきた宣教師が授業を行ない、その後、19世紀末に慈善団体によって設立された各地の師範学校で養成された黒人教師たちが、宣教師にかわって教壇に立つようになった。1900年になると、2万8560人の黒人教師が150万人以上の黒人の子どもを教えるようになっていた。

多くの若い黒人が、宣教師によって設立された学校などで、さらに高度な教育を受けた。たとえば1866年にテネシー州のナッシュヴィルに設立されたフィスク大学(校舎の建築資金の一部にあてるため、「ジュビリー・シンガーズ」とよばれる黒人合唱団が各地で公演を行なった)、1867年にジョージア州のアトランタに設立されたオーガスタ大学(1913年にモアハウス大学と改称)、1867年にワシントンに設立されたハ

ワード大学などである。その結果，1900年ころには，高等教育の修了証書をもつ黒人は，約2000人になっていた。

宗教生活

奴隷時代の黒人は，宗教儀式を行なうことを禁じられてはいなかった。18世紀後半から19世紀初頭以降，アメリカの奴隷の大半がキリスト教に改宗したが，その一方で彼らはアフリカ土着の宗教や宗教儀式も捨てていなかった。

だがそうした彼らの宗教生活は，「主人」たちによって厳しく管理されていた。そのために多くの奴隷が主人の目を逃れて，夜中に行なわれた「見えない教会」と呼ばれる集会に参加した。白人の教会で一般的に行なわれる礼拝では，人間の不道徳で堕落した姿を批判する説教がクドクドとつづくが，この「見えない教会」では，牧師は聖書を朗読する際，迫害を受けていたユダヤ人をエジプトから脱出させたモーセの物語などを好んでとりあげた。また，服従を説くよりも，同情の言葉や近い将来自由になる希望を語ることが多かった。

さらにこの集会では，ダンスや音楽を通じて，人びとが個人的に神とつながり，神を救い主や友人とみなして，神に対する自分たちの感情を表現しようとした。

南北戦争が終結し，黒人が奴隷の身分から解放されると，そうした「見えない教会」の流れをくむ黒人教会が自然発生

⇩1900年ころのルイジアナ州の農村の教会——キリスト教会，なかでもメソジスト教会とバプテスト教会は，アメリカで黒人共同体が形成されるにあたり，非常に重要な役割をはたした。とくに人里離れた村では，教会だけが，人びとが集まり，助けあうための重要な場所だった。牧師は読み書きができず，神学に詳しくないこともあったが，人びとを精神的に支え，なかには人種差別に対する抵抗運動を指導する人もあり，人びとの代表として権力当局に立ちむかった。また，貧しい人びとに援助の手をさしのべ，孤児院や学校を運営するのも牧師たちの仕事だった。

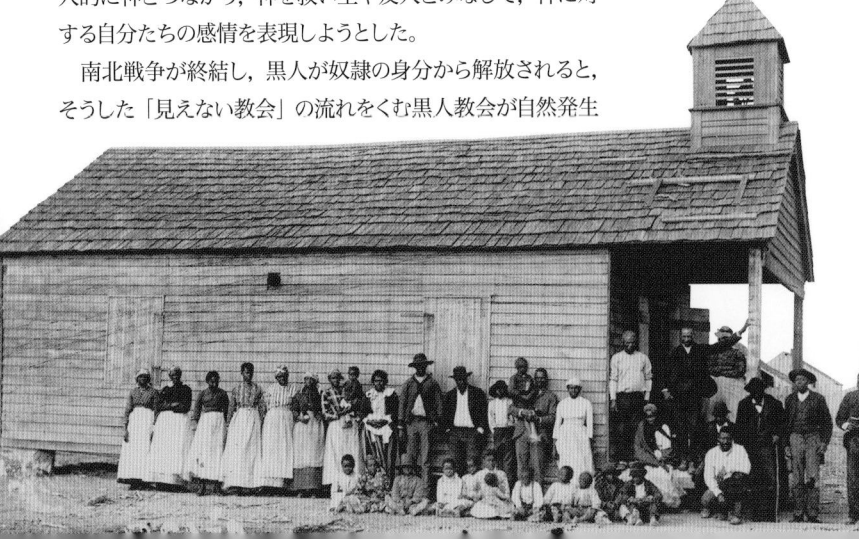

的に生まれていった。その後19世紀末になると、黒人教会は全国規模の組織に再編成された。なかでもとくに重要なのは、ナショナル・バプテスト連盟やアフリカ・メソジスト監督派教会である。

自由と希望の象徴である黒人の学校や教会は、クー・クラックス・クランや白人自警団に狙われることが多かった。数百もの学校や教会が夜中に焼きはらわれ、教師や牧師は暴力による被害をうけた。

公民権がしだいに失われる

黒人たちは教育と宗教の両面で努力を重ねていたが、それでも落胆させられることのほうがはるかに多かった。かつてリンカーン大統領が一掃しようとした奴隷制度の擁護者たちが勢いをもりかえし、明確な報復の意思をもって政治の表舞台に返り咲いたからである。彼らは共和党の政治を、無能で、無駄な支出が多く、腐敗した政治だとして批判した（もっとも腐敗に関しては、かなりの程度事実だった）。彼らは暴力に加えて、黒人有権者を投票させないために、とても行くことができないほど遠くに投票所を設置したり、投票箱の穴をふさいだりと、さまざまな姑息な手を使った。

1870年代後半と1880年代には、黒人から投票権を奪うための方法が、さらに増加していった。たとえば人頭税（すべての住民1人につき課せられる一定額の税金）を払わなければ投票することができないとさ

↗ フレデリック・ダグラス（1818～95年）── 元奴隷で、奴隷制度廃止のために戦ったフレデリック・ダグラスは、晩年になっても、公民権を奪われる黒人の現状を訴えつづけた。しかし、黒人に対する報復のことしか考えない南部の白人や、無関心を決めこむ北部の白人にまで影響をあたえることはできなかった。

1883年にケンタッキー州のルイヴィルで行なった演説で、彼はこういった。「われわれの自由はたんなる言葉の上のものでしかなく、われわれの公民権は茶番で、われわれの投票権は残酷な冗談でしかない」と。

第1章 希望から失望へ

〔左頁上〕1902年ころのアラバマ州の分益小作人の一家
⇧1899年のヴァージニア州の分益小作人の家
——分益小作制度は、黒人の生活を変えた。奴隷居住地は解体され、新たに農園内に小さな木造の小作人の住居がいくつも建てられた。そして、かつては奴隷の生活全般に注意を払っていた農園主は、借金の返済がきちんと行なわれているかどうかしか関心を示さなくなった。分益小作人の多くが農園主から高利でお金を借りていたため、いわゆる「借金の奴隷」となっていた。

れたり、黒人票を減らすために選挙区の区割りも変更された。さらに1882年にはサウスカロライナ州で、無効票が大量に出るよう全投票所の投票箱の数が増やされ、投票方法がよくわからない有権者に手順を教えることが禁じられた。こうした策略は、結果として黒人だけでなく貧しい白人も選挙から排除することになった。

一方、1870年代末から、白人と黒人の貧しい農民たちは団結をはじめていた。肌の色は違っても、農産物の価格の低下と景気後退という同じ状況のなかで苦しんでいる彼らは、共通の利益を守るために、手を組んで戦おうとしたのである。

この農民運動は、1880年代に大規模な運動に発展した。農民たちは国家の援助を求め、大商人や工場主が経済危機を招いたとして、彼らの責任を追求した。この運動は1876年に結成された人民党(ポピュリスト・パーティ)(西部と南部の農民を中心として結成された)の政治活動の一環として、階級闘争の性格をおび、白人エリート層に脅威をもたらすことになった。

031

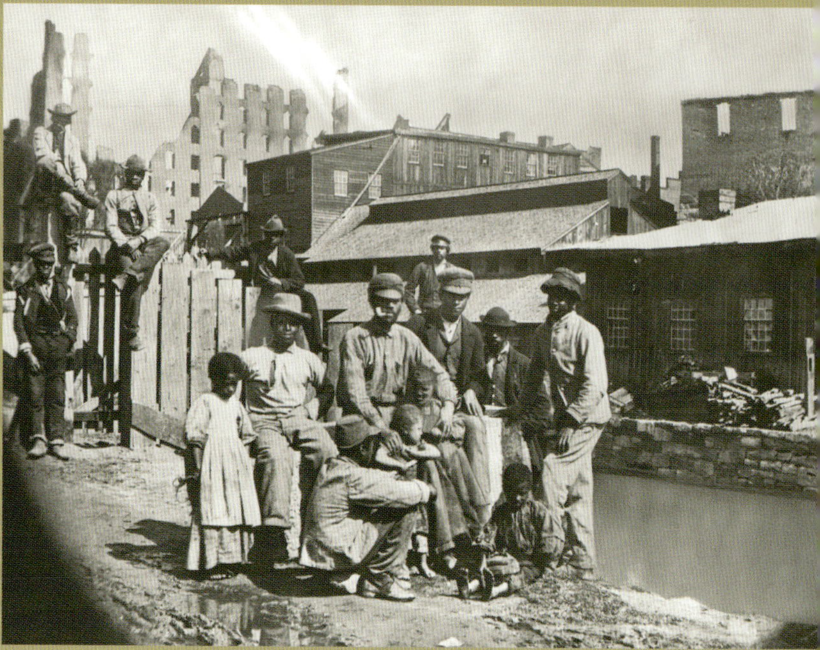

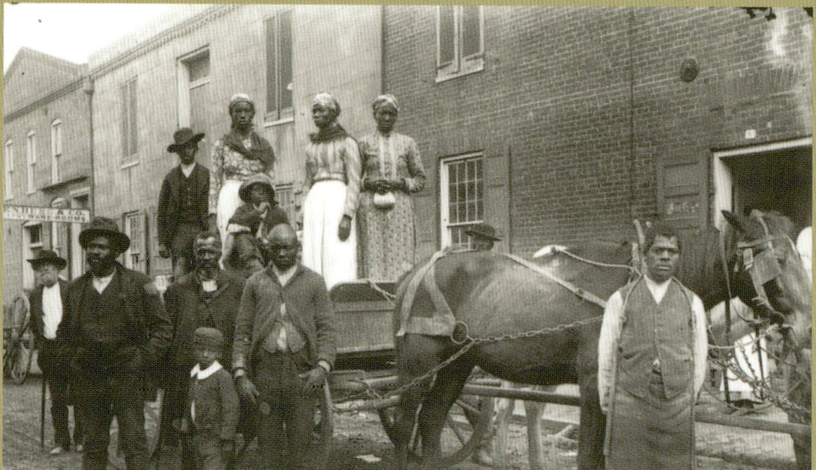

第1章 希望から失望へ

都市の黒人たち

19世紀末に南部の農村の経済状況が悪化すると、黒人のなかにはアトランタやバーミングハム、ニューオーリンズなど、南部の大都市や、さらには北部の大都市へ移住するものが増えはじめた。

20世紀初頭になると、南部の黒人の4分の1が都市部の黒人居住地区に住んでいた。男性は低賃金の肉体労働に従事し、女性は家事使用人として長時間働いていたため、自分の家族のために使う時間がなかなかとれなかった。

一方、奴隷時代には黒人の家族はばらばらに売り買いされたため、離れて暮らさなければならなかったが、南北戦争後は公共交通機関、とくに鉄道網が発達したため、家族が一堂に会する機会も増えた。日曜日にはひんぱんに家族が集まり、奴隷時代から祝われていた感謝祭とクリスマスには、普段は遠くに住む人びとも帰省し、数日間を家族と共に過ごすことができるようになった。

〔左頁上〕南北戦争後の南部の都市での黒人たち
〔左頁下〕1890年代のミシシッピ州の黒人たち
〔右頁〕1890年代のルイジアナ州での4人の黒人少年)

白人のエリート層と一般大衆が手を結ぶ

 だが本音をいえば、人民党を支持する貧しい白人たちは、黒人の権利などに興味はなかった。彼らはただ自分たちの主張を通すためには、黒人を味方に引きいれたほうが有利だと考えただけだったのである。そうした状況を見た白人エリート層は、富裕層と貧困層の対立が激しさを増すにつれ、さまざまな法的手段を使って黒人を徹底的に排除し、その一方で白人の一般大衆をとりこもうとするようになった。

 民主党を支持するという条件のもと、白人の一般大衆からは投票権を奪わないことが約束され、貧しい白人たちはその条件を受けいれた。つまり大地主、工場主、大商人といった裕福な白人と、小作人や労働者といった貧しい白人が手を結び、その結果、黒人は完全に政治の世界から締めだされることになったのである。

 奴隷の身分だったことを理由として投票権を奪うことを禁じる憲法修正第15条に違反しないよう、各州は独自の法律を制定した。まずは1890年に、人口の大半が黒人だったミシシッピ州で、憲法を読んで理解することができ、2ドルの人頭税を支払ったものだけが投票できるという制度が導入された。1895年にはサウスカロライナ州が、1898年にはルイジアナ州があとにつづいた。ルイジアナ州ではさらに「祖父条項」も定められた。これは1867年1月1日の時点で、父か祖父が投票権をもっていたものだけが有権者として認められるという規定である。この条件にあてはまる黒人はいなかったため、事実上すべての黒人が投票権を奪われることになった。

⇩アメリカ南部の地図——濃い色であらわされているのが、南北戦争時に南軍に属していた州。これらの州は少しずつ人種差別政策を進め、公民権、とくに投票権を黒人から奪っていった。

第1章 希望から失望へ

WHITE SUPREMACY!

　その結果，たとえばルイジアナ州では1896年には13万344人いた黒人有権者が，1900年にはわずか5320人になった。こうして1910年ころには，南部州すべてと，南部州と接しているオクラホマ州で，黒人の大半が投票権を奪われることになった。黒人から投票権を奪うことを支持する人びとは，黒人は劣った人種で政治の複雑さを理解することができないため，政治活動をする資格がないと主張した。

　黒人政治家はこうしたやり方に反対し，連邦政府に訴えたが，なんの成果も得られなかった。黒人の一般大衆による抗議も無駄だった。そして1898年にはノースカロライナ州のウィルミントンで，1906年にはジョージア州のアトランタで，白人による反黒人暴動が起こり，多くの黒人が命を落とした。

　このようにして白人の支配的地位がふたたび確立された。南部は民主党の支配下に入り，自由をめぐる争いに終始した「激動の春」は終わりを告げることになったのである。

⇧ウィルミントンの白人自警団（1898年，ノースカロライナ州）──1898年のウィルミントン暴動で，白人自警団は何人もの黒人を殺害し，黒人が経営する新聞社「デイリー・レコード」を焼きはらった（この新聞は，白人による黒人のリンチを告発する記事を掲載していた）。その結果，編集長は町を逃げだし，共和党の市長は辞任させられ，自警団のメンバーが市長の座についた。

　写真の下の赤い文字は，1890年1月にジャクソン（ミシシッピ州）で貼られたポスターのスローガン。「白人の優越！」と書かれている。

035

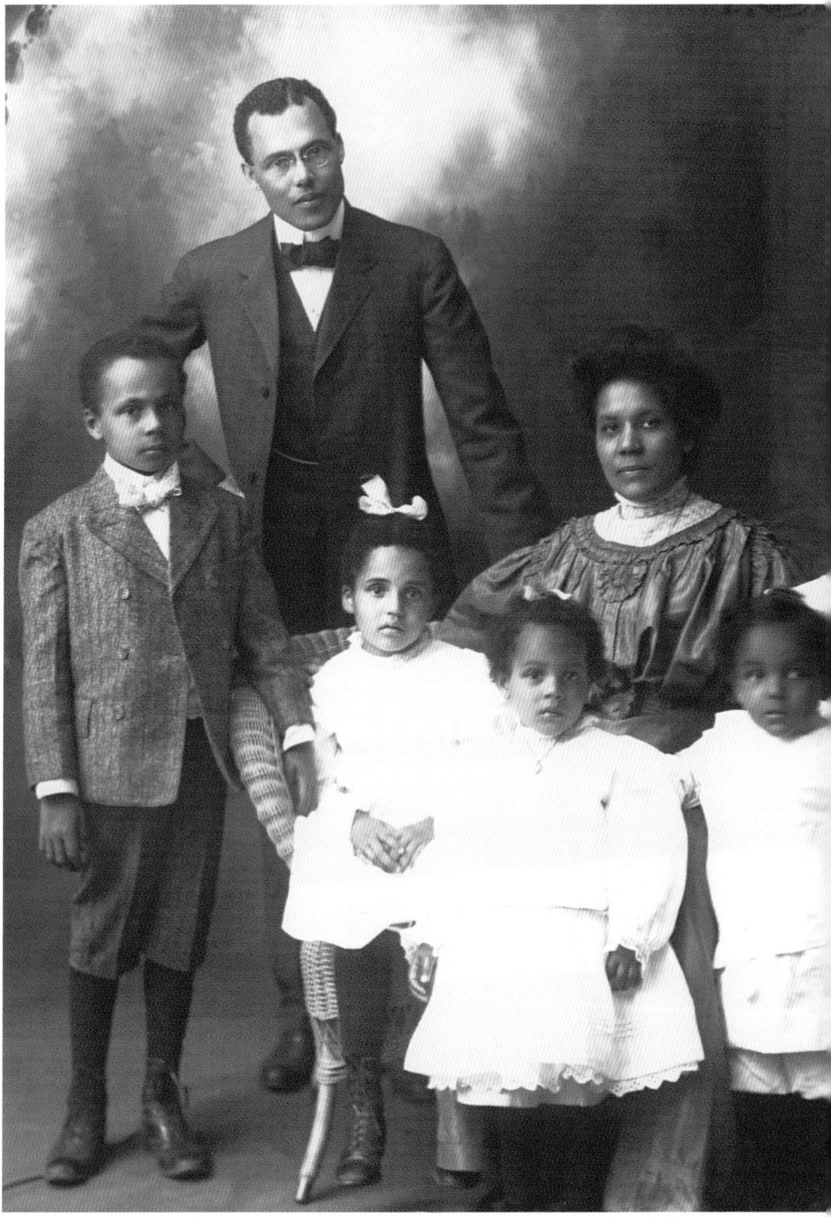

❖ 1896年，アメリカ合衆国最高裁判所は「プレッシー対ファーグソン裁判」において，「分離はしても平等」の原則を打ちだし，鉄道など公共施設における人種分離（隔離）は人種差別に当たらないとの判決をくだした。これにより，十数年前からはじまっていた黒人に対する人種差別が合法化されることになったのである。そしてすぐに「分離はしても平等」の原則は，「平等」の部分よりも「分離」の部分に重きが置かれるようになっていった。………………

第 2 章

「分離はしても平等」

〔左頁〕タスキーギ学院（⇨p.47）の教師の一家──南北戦争後におとずれた，短い希望の時代のあとには，「ジム・クロウ法」によって制度化された人種差別の時代がつづいた。その一方，この時期に黒人の中流階級も誕生していくことになる。

ジム・クロウとは，体の不自由な黒人を笑いものにした1828年の流行歌『ジャンプ・ジム・クロウ』（右はこの歌の楽譜の表紙に描かれたイラスト）に由来する名前で，20世紀中ごろまで黒人全般を侮蔑的にさす言葉として使われた。

「ジム・クロウ法」

　1880年代以降，黒人は政治活動から遠ざけられるだけでなく，「ジム・クロウ法」とよばれる一連の人種差別法の制定によって，社会的にも白人から切りはなされるようになった。1883年には，公共の場所での人種分離（隔離）を禁止する1875年の公民権法が，個人の権利と対立するため憲法に違反するとした最高裁判所の判決が出され，以後，人種分離政策が急速に進んだ。

　人種分離はまず，列車や船などの交通機関ではじまった。その後，学校や居住する地域からトイレにいたるまで，さまざまな公共の場所に広がっていった。1880年代には，「白人専用」「黒人用」という掲示が，いろいろな場所で見られるようになった。

　また，病院や孤児院などでは，人種分離の規則がことこまかく定められた。サウスカロライナ州とミシシッピ州では，黒人の患者の世話をしてもよいのは，黒人の看護婦だけだった。こうした規定は，白人自身の利益を損なう場合もあった。たとえば1927年にテネシー州のメンフィスで，自動車を運転していた白人女性が事故で負傷して亡くなったが，これは現場に駆けつけた救急隊員が黒人男性で，白人女性にふれることが禁じられていたため，適切な処置ができなかったからだった。

　1942年まで赤十字社は，白人の血と黒人の血をわけて保存していた（輸血の際も，白人には白人の血，黒人には黒人の血しか使えなかった）。ルイジアナ州では，動物園や映画館は，白人用と黒人用の切符売り場を7.5メートル以上離し

⇩人種分離（隔離）を風刺した雑誌の挿絵――20世紀初頭にアメリカ南部を旅行した南アフリカ人のモーリス・エヴァンスは，「この地での，あらゆる分野における人種の分離は，（アパルトヘイトが行なわれていた）南アフリカと同じくらい厳格だ」と驚いている。

　公共の場所での人種分離を禁止する1875年の公民権法は，合衆国憲法に違反するという最高裁判所の判決がくだされる

FOR THE SUNNY SOUTH.
AN AIRSHIP WITH A "JIM CROW" TRAILER.

（1883年）以前から，アメリカではすでに肌の色を基準とする公共の場での線引きができていた。

　たとえばアラバマ州では「列車の運転手は，乗客の肌の色に応じて，それぞれ専用の車両あるいは客室に席を割りあてなければならない」という法律が，早くから制定されていた。

て設置することと定められ、ノースカロライナ州とフロリダ州では、共同で使う学校の教科書を、白人の生徒用と黒人の生徒用で別々に保管することとされた。

　プールでは、水が汚れるという理由で、黒人は1週間に1日、清掃前の日にしか入れないところもあった。ジョージア州のアトランタでは、エレベーターを白人用と黒人用にわけなければならなかった。オクラホマ州ではエレベーターの規定はなかったが、電話ボックスを白人用と黒人用にわけなければならなかった。

　このように地域によって人種分離の内容が異なったため、事態はいっそう複雑になっていった。とくに交通機関ではそうした傾向が強く、駅の水飲み場、待合室、車両、トイレなどで、州や都市ごとにこまかい規定があったため、うっかりそれに違反した黒人は、運がよければ叱責されるだけですんだが、逮捕されることもあり、たいていは暴力をふるわれた。

⇧「白人専用」と書かれた酒場（20世紀初頭、アトランタ、ジョージア州）——この写真でわかるように、酒場では当然のことながら人種分離が行なわれていた。しかし、そうした差別は経済的利益に反する場合もあった。たとえば路面電車の会社は、ラッシュ時に電車をがらあきのまま走らせたくなかったため、白人と黒人の車両をわけることを嫌った。そのため、ひとつの車両に目に見えない境界線（この境界線は、乗客の数によって前後に動いた）を設けて、前方は白人、後方は黒人が乗るようなしくみを導入した。

根強い人種的偏見

このように白人社会と黒人社会は、いわば敵意と不信感という壁によって隔てられていた。「私たちは同じ国民なのに、よそものとしてあつかわれている。すぐれた見識のある白人と黒人のあいだでさえ、意思の疎通をはかることも、意見を交換することもできない」と、20世紀初頭にノースカロライナ州のある黒人が書きしるしている。

白人のほとんどが、黒人は知能や性質の点で自分たちとは根本的に異なり、自分たちより劣っていると考えていた。人びとのこのような人種的偏見は、著名な科学者や政治家によって正当化されていた。新聞や雑誌では、白人がすぐれていること、人種には序列があること、黒人は劣った人種であることなどが、記事として次々に紹介された。人種には序列があるという考えに異議をとなえた人類学者は、コロンビア大学教授のフランツ・ボアズなど、ごく少数にすぎなかった。

白人のすぐれた血統をけがすという理由で、白人と黒人の結婚は嫌悪された。白人と黒人の結婚を禁じる法律は、南部の大半の州で古くから存在した（なかにはすでに18世紀から、そのような法律を定めていた州もある）が、その後、28の州（黒人が少なくとも人口の5パーセントをしめるすべ

⇧「黒人街のクラブでの政治討論」──1870年以降、黒人には知性の面からも道徳の面からも、ごく普通の活動を行なう能力がないことを示した風刺画が、新聞や雑誌でひんぱんに見られるようになった。上の風刺画は、ふたりの黒人による政治討論がなぐりあいのけんかになってしまったことを嘲笑している。

ての州）で白人と黒人の結婚が禁止されるようになった。

黒人の定義は，各州によって異なっていた。ノースカロライナ州では，肌の色が黒いものが黒人とされた。隣のヴァージニア州では，黒人の血を4分の1以上受けついでいるものが黒人とされた。またアリゾナ州では，白人と黒人の混血者どうしの結婚も禁じられた。さらにミシシッピ州，ミズーリ州，オレゴン州，オハイオ州では，白人とモンゴル人の結婚が，サウスダコタ州では白人と朝鮮人の結婚が，アリゾナ州では白人とインド人の結婚が禁止され，それ以外では，白人と中国人，日本人，フィリピン人との結婚が認められていない州もあった。

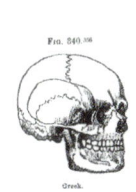

⇩骨相学者J・C・ノットの論文に掲載されている図版──19世紀初頭に誕生した骨相学は，頭蓋骨の形状によってその人物の知能がわかるという学説である。この学説は，人種の序列化に「科学的」論拠をあたえることになった。

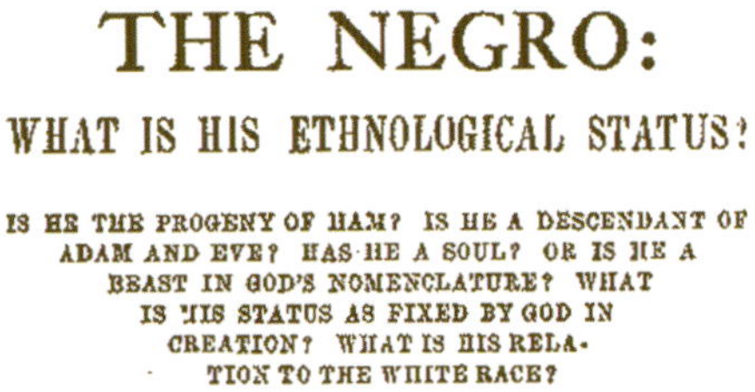

THE NEGRO:
WHAT IS HIS ETHNOLOGICAL STATUS?

IS HE THE PROGENY OF HAM? IS HE A DESCENDANT OF
ADAM AND EVE? HAS HE A SOUL? OR IS HE A
BEAST IN GOD'S NOMENCLATURE? WHAT
IS HIS STATUS AS FIXED BY GOD IN
CREATION? WHAT IS HIS RELA-
TION TO THE WHITE RACE?

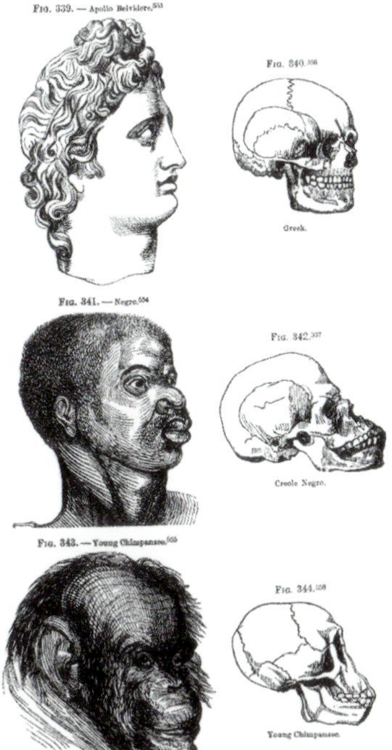

リンチが増える

人種分離が進められると同時に，1890年代に入ると，リンチ，つまり法律にもとづかずに民衆が行なう「私刑」の数が増加していった。こうしたリンチは，奴隷時代や南北戦争終結後の十数年間にはほとんど存在しなかった。1865年から72年にかけて活動したクー・クラックス・クラン（KKK）も，むちを使うような暴力行為は行なったが，殺人をすることはそれほど多くなかった。

ところが1890年以降，南部の14州で毎年平均100人がリンチによって殺害されるようになった。1882年から1958年までに南部で起きた4743件のリンチのうちの2805件に関す

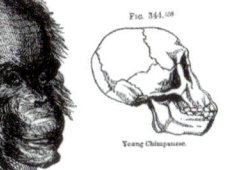

この図版は，黒人（中央）と動物（下）の頭を並べて置くことで，黒人の「動物的な性質」を示そうとしたもの。

左は『黒人，その民族学的地位』と題されたパンフレット。1867年

る調査によると，こうしたリンチの被害者の70パーセントが黒人で，20世紀に入ってからのものだけを見れば，90パーセントが黒人である。

　一般的に，黒人がリンチを受けたのは，白人女性を強姦した容疑をかけられたり，白人女性になれなれしく接したという理由によるもので，通りすがりに白人女性をちらっと見ただけでリンチの対象になったケースもある。リンチは白人を感情的に団結させ，黒人を恐怖に陥れた。リンチの数がとくに多かったのは，交通手段が発達していない人口密度の低い地域で，引っ越してきたばかりか，一時的に滞在している，地元民とのつながりがない貧しい黒人が標的とされた。

　もっともらしい理由をつけられて，裁判を受けることなく，見世物のように公衆の面前で首をつるされて殺されたあわれな黒人は，不安定な社会の治安を維持するための犠牲者だった。リンチは黒人を憎悪する白人の感情のはけぐちとなっていたため，州政府は見て見ぬふりをした。リンチは南部だけではなく，ほかの地方でも行なわれ，とくに中西部で多かった。

Following is the comparative number of lynchings for the two years.

State	1907	1906
Alabama	13	5
Arkansas	3	4
Colorado	—	1
Florida	—	6
Georgia	6	9
Indian Territory	2	1
Iowa	1	—
Kentucky	1	3
Louisiana	8	9
Maryland	2	1
Mississippi	12	13
Missouri	—	—
Nebraska	1	3
North Carolina	—	—
Oklahoma	—	5
South Carolina	2	—
Tennessee	1	2
Texas	1	5
	3	6
Totals	56	73

Of those lynched in 1907, 49 were Negro men, three Negro women and four white men. By methods:

Hanging	31
Shot to death	17
Hanged and shot	3
Shot and burned	2
Beaten to death	1
Kicked to death	1

The offences for which these men and women were lynched range from stealing seventy-five cents ... girls over the telephone, to rape and m...

- For being father of boy who jostled white wo...
- For being victor over white man in fight
- Attempted murder
- Murder of wife
- Murder of husband and wife
- Murder of wife and stepson
- Murder of mistress
- Manslaughter
- Accessory to murder
- Rape
- Attempted rape
- Raping own stepdaughter
- For being wife and son of a raper
- Protecting fugitive from posse
- Talking to white girls over telephone
- Expressing sympathy for mob's victim
- Three-dollar debt
- Stealing seventy-five cents
- Insulting white man
- Store burglary

第2章「分離はしても平等」

人種分離の合法化

　連邦政府が人種分離を暗黙のうちに許可したことに加え，1896年に最高裁判所が「プレッシー対ファーグソン裁判」の判決で「分離はしても平等」の原則を打ちだしたことで，人種分離はよりいっそう強化されることになった。
　「プレッシー対ファーグソン裁判」のいきさつはこうである。1890年にルイジアナ州は，列車内で白人と黒人の車両を分離する法律を制定した。このときその法律に反対するために団体を結成した人びとが，訴訟を起こそうとして作戦を立てた。それは白人と黒人の混血であるホーマー・プレッシーが，東ルイジアナ鉄道の白人専用車両にわざと乗車するというもので，作戦どおり，プレッシーは逮捕されて投獄された。

☑ 4人の白人に囲まれてリンチが行なわれる場所へ連れていかれる黒人の男
⇩リンチの現場を撮影した写真をもとにつくられたカード（オハイオ州）——リンチは人目を避けて行なわれたわけではない。新聞や雑誌で事前に告知され，処刑の前後の様子が写真に撮られることも多かった。それらの写真は，絵葉書やコレクション用のカードに加工されることもあった。
　1890年以降，リンチに反対する人びとは，リンチの件数，リンチの理由となった「罪名」，処刑方法（絞殺，撲殺，銃殺など）を統計にとった（左頁上は1906年と1907年のリンチの比較対照表）。リンチは1950年代までなくならなかった。

043

その後プレッシーは，ルイジアナ州の裁判所で，さらには最高裁判所の法廷で無罪を求めて争ったが，いずれも結果は有罪となった（ファーグソンというのは，ルイジアナ州の法廷で有罪の判決をくだした裁判官の名）。プレッシーは，白人と黒人で車両を分離するルイジアナ州の法律は，憲法修正第13条と第14条によって保証されている法のもとの平等の権利を踏みにじるものだと主張した。しかし最高裁判所は，白人用と黒人用の車両に差がないという理由で彼の訴えをしりぞけた。白人と黒人が「平等の状態に置かれているかぎり」人種分離は憲法に違反しないというのである。この判決によって，人種分離がいわば合法化されることになった。

　その後，しだいに「分離はしても平等」のうち，「分離」だけが強調され，「平等」は無視されるようになっていった。たとえば立派な教育を受けて給料も高い教師が指導する白人の学校は，黒人の学校よりもずっと環境がよかった。1900年に黒人の子どもひとりの教育に使われた金額は2ドルだったが，白人の子どもに使われた金額は3ドルだった。1930年には，黒人ひとりあたりの金額は変わらなかったが，白人ひとりあたりの金額は7ドルに増えていた。それでも黒人のなかには，自分たちの子どもが通える学校があるだけましだと考える人びともいた。

どのような方法で人種分離と戦うか

　当時の有名な教育者で黒人のブッカー・T・ワシントンは，人種分離が行なわれている社会で黒人

⇩ブッカー・T・ワシントン（1856〜1915年）——教育者として有名だったワシントンは，黒人はまず，社会的・政治的平等を求めるよりも，経済的に自立すべきだと考えていた。しかし，白人が決めた秩序にしたがって生きなければならないことにいらだちを感じていた多くの黒人たちは，白人に対して卑屈な態度をとっているとしてワシントンを非難した。ところが実際には，南部でも北部でも，社会的に非常に高い地位の白人が多数，ワシントンの話に耳を傾けるようになったのである。

　1901年10月17日に，ワシントンはルーズヴェルト大統領からホワイトハウスの晩餐会にまで招かれている。

　左は，その出来事を記念した絵葉書。

がよりよく生きていくために、もっとも必要なものは教育だと考えた。彼は最高裁判所ですら認めた人種分離に対して、真っ向から戦いを挑んでも無駄で、それよりも黒人の学校を改善し、白人と良好な関係を保っていくほうが、結局は黒人の地位向上につながると考えていた。

ブッカー・T・ワシントンは1856年にヴァージニア州で奴隷として生まれた。南北戦争後は、黒人の教師を養成するために設立されたハンプトン学院で学んだあと、1881年にアラバマ州のタスキーギ学院の校長となり、1915年に亡くなるまでその地位にあった。

手に職をつけることが大切だというワシントンの方針に従って、タスキーギ学院では実務的な教育が行なわれた。若い黒人が手工業の技術を身につけることで、南部の農村地帯で自分たちの地位を確立し、やがては白人から受けいれられ、その結果、黒人をとりまく社会の状況も少しずつよくなっていくという未来をワシントンは思いえがいていたのである。

力のある実業家や政治家とも広く交際していたワシントン

⇧1899年のハンプトン学院（ヴァージニア州）での栄養学の授業 ── 1872年、16歳のワシントン少年は、交通費がないために約600キロメートルの道のりを徒歩で旅行し、ハンプトン学院に入学した。ハンプトン学院は、1868年に黒人のために設立された最初の師範学校で、最初の10年間で約1000人の若い男女がここで学んだ。学生の大半は黒人だったが、アメリカ・インディアン（アメリカ先住民）の若者たちもいた。

ワシントンは、かつて奴隷だった黒人とその子孫を教育するためには、なによりもまず黒人教師を養成することが必要だと考えた。

FIELD WORK TUSKEGEE

タスキーギ学院

1881年にブッカー・T・ワシントンは、以前奴隷だったルイス・アダムスが黒人教師を養成するために設立したタスキーギ学院の校長に就任した。

10年後、ワシントンの根気強い努力の結果、学校の敷地は2平方キロメートルに広がり、400人の学生が入学できるようになった。構内には、たくさんの作業場があった（左頁下は印刷所。右頁下はマットレス製作所）。

1896年に、黒人の教育を助けるスレーター基金による資金援助によって、ワシントンはタスキーギ学院内に独立採算制の農業学校を設立した。

農業学校の校長には、ジョージ・ワシントン・カーヴァー（1864〜1943年）が就任した。以前奴隷だったカーヴァーは、著名な生物学者で植物学者でもあり、ピーナッツとサツマイモの栽培に関する専門家だった（左頁上は農作業の風景。右頁上はタスキーギ学院の化学実験室）。

1915年にワシントンが亡くなったあとも、タスキーギ学院は発展をつづけた。第2次世界大戦中には、タスキーギ・エアメンと呼ばれた黒人パイロットを1000人近く教育した。1985年に、タスキーギ学院はタスキーギ大学となった。

は，20世紀初頭のアメリカでもっとも影響力をもっていた黒人だった。1901年に彼は黒人初の賓客として，セオドア・ルーズヴェルト大統領からホワイトハウスの晩餐会に招かれた（この出来事は南部の民主党員を激怒させた）。

表向きには，ワシントンは「ジム・クロウ法」を批判していなかった。そのため，人種分離政策を支持する白人からも高い評価を受けていた。しかし実際には，彼は水面下で「ジム・クロウ法」廃止への糸口を見つけるべく，ひそかに努力を重ねていたのである。

しかし，白人に迎合的であるように見えるワシントンのやり方は，必ずしもすべての黒人に受けいれられたわけではない。南部の黒人の多くが人種分離政策に対して公然と反対し，命の危険もかえりみず，抗議集会に参加していた。

社会学者W・E・B・デュボイス（1868〜1963年）は，著書『黒人の魂』（1903年）のなかで，ワシントンの妥協的な姿勢は不当な行為を承諾するに等しいと，激しく非難した。彼は，黒人には高等教育は必要ないというワシントンの考えにも反対だった。デュボイスは黒人をとりまく社会の状況を改善するには，黒人の知的エリートが必要だと主張した。たしかにワシントンは大工やレンガ職人など伝統的な手工業者を養成したが，現実には当時の農村地帯で，工業化や機械化によって彼らの仕事はなくなりつつあったのである。

市民としての自由と政治的な自由を得るための戦いを再開する

1905年6月，カナダのナイアガラ・フォールズ（アメリカで奴隷制度があった時代に，自由を求めて多くの黒人が逃亡してきたことで知られる町）で，デュボイスと若い黒人グループが，権利の平等と言論の自由を求めるナイアガラ運動を結成した。彼らは1906年にはウェストヴァージニア州ハーパーズ・フェリーで，1907年にはマサチューセッツ州ボストンで，1908年にはオハイオ州オーバリンで会合を開いた。

⇩W・E・B・デュボイス『黒人の魂』のタイトル・ページ——この本のなかでデュボイスは，ブッカー・T・ワシントンの考えにまったく賛同できないとのべている。

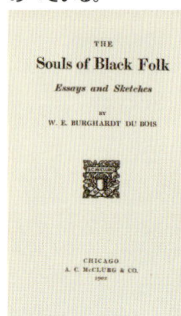

THE
Souls of Black Folk
Essays and Sketches
BY
W. E. BURGHARDT DU BOIS

CHICAGO
A. C. McCLURG & CO.

「ワシントン氏は，少なくとも当面は次の3つのことをあきらめるよう，はっきりと黒人に要求している。1.政治権力。2.公民権の要求。3.若い黒人への高等教育。そして実業教育にすべてのエネルギーを集中させるべきだというのである。（略）こうした歩み寄りの申し出に対して，黒人はいったいなにを得たのか。1.公民権を奪われたこと。2.劣った公民としての地位が合法的にはっきりとつくりあげられたこと。3.大学教育のための制度に関する援助を完全に放棄したこと。たしかに，このような展開は，ワシントン氏の教育の直接的な結果ではない。しかし，彼の活動がこのような展開を促進したことはまちがいない」

1909年にナイアガラ運動のメンバーは，エイブラハム・リンカーンの生誕100年を祝い，黒人が置かれている厳しい状況を告発するために白人の活動家たちが開催した会議に招かれた。「われわれは，民主主義を信じるすべての人に，現代の不幸について討論し，抗議の声をあげ，市民としての自由と政治的な自由を得るための戦いを再開することを目的とする，全国会議に参加するようよびかける」

　社会改革家ジェーン・アダムズ，哲学者ジョン・デューイ，デュボイスなど，この会議に参加した人びとは，人種分離政策を終わらせ，憲法修正第13条と第14条によって保証され

第2章 「分離はしても平等」

▷ナイアガラ運動の創設者たち（1905年7月）──ナイアガラ運動は1905年，14州から29人の代表者を集めて結成された。それからわずか5年後，全米黒人地位向上協会（NAACP）が設立され，この運動はその使命を終えた。

　ナイアガラ運動に参加した人びとは，人種分離や公民権の剥奪に異議をとなえると同時に，ブッカー・T・ワシントンのような当時の黒人指導者たちによって進められていた妥協的な方策にも反対した。

　1910年，全米黒人地位向上協会は法廷での戦いを開始した。連邦政府の法律によってリンチを禁止させるというのが，全米黒人地位向上協会の最初の活動のひとつだった。その目的のために，ポスター，チラシ，バッジなどが製作された。

⇧「ストップ・リンチ」と書かれたバッジ。

ている法のもとの平等の権利を確立するために新しい組織を設立することで合意した。

1910年5月に全米黒人地位向上協会（NAACP）が正式に発足した。協会の役職についたただひとりの黒人であるデュボイスは、広報調査部長に就任し、機関誌「クライシス」の編集長も兼任した。わずか数年後には、「クライシス」誌の発行部数は10万部に達し、黒人社会を代表する雑誌に成長した。

訴訟と知識人がはたした役割

人種分離政策と投票権の剥奪を無効にするため、全米黒人地位向上協会は法廷での戦いを開始した。1915年に、最

⇧アトランタ大学のオフィスでのW・E・B・デュボイス（1909年）――彼は1895年にハーヴァード大学で博士号を授与された最初の黒人である。20世紀前半のもっとも重要な黒人の知識人で、何十冊もの著書と何千もの論文を残している。

デュボイスは1897年から1910年までと、1934年から44年まで、アトランタ大学で社会学を教えた。それと平行して彼は「クライシス」誌（⇦）の編集長としても活躍した。この雑誌の創刊号で彼は、肌の色や人種を問わず、すべての人の権利のために戦うつもりだと書いている。

第2章 「分離はしても平等」

高裁判所は「グイン対アメリカ合衆国裁判」で，メリーランド州とオクラホマ州の「祖父条項」（1867年1月1日の時点で父か祖父が投票権をもっていたものだけが有権者として認められるという規定）は，奴隷の身分だったことを理由として投票権を奪うことを禁じる憲法修正第15条に違反しているという判決をくだした。

しかし，メリーランド州もオクラホマ州も，黒人に投票させないような別の方法を考えだしたため，状況はなにひとつ変わらなかった。それでも裁判に負けたことで人種分離の支持者は守りの姿勢に入り，裁判に勝ったことで全米黒人地位向上協会は希望を見いだしていた。

デュボイスは，当時教授として籍を置いていたジョージア州のアトランタ大学で「黒人問題会議」を主宰し，そこでは都市問題の専門家や教育者たちが活発に議論をのべあっていた。また，そのころ各地で黒人のための大学が設立され，多くの黒人の作家，芸術家，知識人が大学で働き，彼らの作品が広く人びとに知られるようになっていった。

元奴隷で，奴隷制度廃止のために戦ったフレデリック・ダグラスが1881年に出版した回想録『フレデリック・ダグラスの生涯と時代』と，1900年に出版されたブッカー・T・ワシントンの自伝『奴隷より身を起こして』はベストセラーになった。また，ジョージ・ワシントン・ウィリアムズは，黒人初の歴史家として，見事な業績を残している。

同じころ，黒人によるジャーナリズムも発展した。各地で次々と週刊誌や月刊誌が発行され，黒人社会の重要な情報源として人びとの人気を集めた。1870年には80パーセントいた読み書きのできない黒人が，1900年には50パーセント以下に減っていた。1905年に創刊された「シカゴ・ディフェンダー」紙は，黒人社会でとくに大きな影響力をもった。

⇩ジョージア州の黒人をとりまく社会状況に関する詳細なデータをグラフにしたパネル——これは1900年のパリ博覧会アメリカ館で展示するために，デュボイスが製作したもの。

この前年に彼は『フィラデルフィアの黒人』と題された著書を出版している。この本はペンシルヴェニア州フィラデルフィア市の黒人居住地区に住む黒人を徹底的に調査して書かれたもので，社会科学という学問がまだ初期段階にあった時代の，都市に住む黒人を対象とした最初の学術的な研究書である。彼が用いた統計学的手法は，いまでは一般的になったが，当時としては非常に先進的なものだった。

黒人資本家の誕生

人種分離は，黒人の製造業者，商人，消費者からなる市場を大きく発展させる結果を生んだ。19世紀末には，さまざまな黒人の商売が登場し，都市や村の黒人居住地区では，黒人の食料品店，カフェレストラン，婦人服店，パン屋，理髪店や美容院が，次々と開店した。

大都市では，ごくわずかな数だったが，黒人の実業家や資本家のグループも見られるようになった。建築業者，葬儀屋，化粧品製造業者，銀行家，保険業者などがそうした黒人エリート層の中核だった。彼らは，教会，学校，病院，療養所，孤児院，救済院，慈善施設などに対して，さまざまなものを寄付できるほど裕福な地位にあった。

1900年にブッカー・T・ワシントンは，全米黒人企業連盟を創設した。これはいわば黒人のための商工会議所で，320の地方支部をもっていた。

1888年にはヴァージニア州のリッチモンドで黒人のための銀行がはじめて開業し，ワシントン，テネシー州チャタヌーガ，アラバマ州バーミンガムなどでも，黒人のための銀行が次々と設立された。その後，小さな銀行は倒産し

⇩マダム・C・J・ウォーカー製造所の毛髪栄養剤——1867年にルイジアナ州で生まれたマダム・C・J・ウォーカーは，貧しい洗濯女として働いたあと，1906年に黒人女性の整髪料を製造する会社を設立し，億万長者になった。

彼女はみずから実験台となって黒人女性の髪質に合った製品をつくり，画期的な販売戦略を採用し成功を収めた。その中心は売り上げに応じて手数料を支払う代理人制度だったが，代理人の数は1910年には1000人を超えた（その大半が黒人女性だった）。

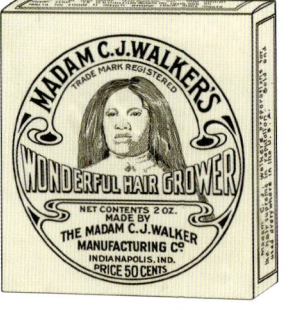

⇦自動車を運転するマダム・C・J・ウォーカー——彼女は慈善事業にも関心をもち，全米黒人地位向上協会が1919年にリンチ反対キャンペーンを行なったときには，5000ドルを寄付している。また彼女の遺言には，財産の一部を黒人の教育施設のために使うよう書かれていた。

たり，競争相手に買収されるようになった。しかし1950年代に，それまで白人だけを顧客としていた大銀行が，黒人のための銀行では融資額や貯蓄上限額の点で対応しきれなくなった黒人富裕層にも門戸を開くようになるまで，黒人のための銀行は存続することになる。

　また，それまで黒人が加入できる保険が存在しなかったことから，黒人だけを対象とした，黒人が経営する生命保険会社も登場した。1910年代には，各地で地元の居住者を対象とした保険会社が増えた。しかし，黒人の死亡率の高さが原因で経営難に陥る会社も出てきた。それらの会社は支払える保険金の額も少なかったため，1940年以降，裕福な黒人はしだいに地方の保険会社に見切りをつけ，大規模な保険会社と契約するようになった。とはいえ，黒人を対象とする生命保険会社は，黒人資本家が大きな力を注ぎ，一時非常な勢力を誇ったことも事実である。

⇧ワシントンのアンダーダウン食料品店（1904年ころ）──人種分離によって，黒人の客は白人の商人から物品を購入することができなかった。そのため，黒人だけを相手にする黒人の商人が誕生した。彼らはやがて裕福なブルジョアジーとなり，学校や教会に寄付するようになった。

　この写真は，ワシントンの「黒人街のブロードウェイ」と呼ばれる黒人居住地区の目抜き通りにある食料品店の前に立つ，アレキサンダーとマーガレットのアンダーダウン夫妻と，ふたりの従業員。写真から，この店が非常に繁盛していたことがわかる。

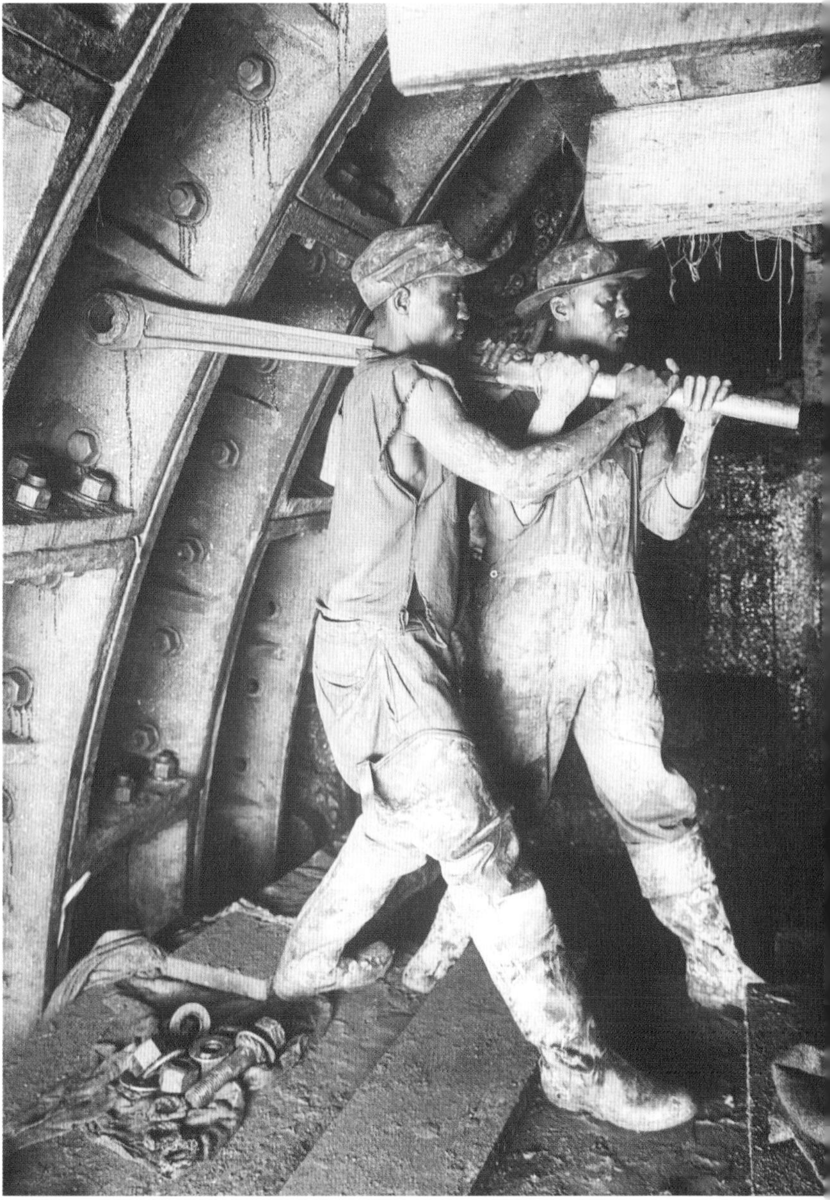

❖20世紀初頭には、アメリカの黒人900万人のうち4分の3近くが、依然として南部に住んでいた。当時は南部の人口の半数が黒人だったのである。しかし第1次世界大戦の開始と共に、黒人たちが南部の農村地帯から北部の工業都市のゲットー（黒人居住地区）へ向かう「大移動」の時代がはじまった。この「大移動」によって、アメリカの社会、都市文化、政治活動は大きく変化することになった。……………………………………………………………………

第 3 章

「大移動」の時代
（グレート・マイグレーション）

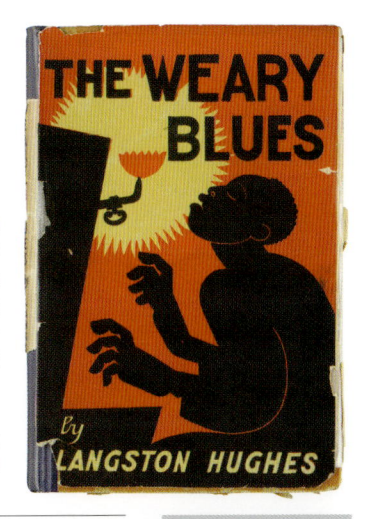

〔左頁〕ニューヨークのホランド・トンネルの建設現場で働く黒人労働者（1920年代）——多くの黒人が南部から北部へ移住したことで、北部の労働者階級の人口は急激に増加した。黒人労働者が仕事につくことができたのはたいてい危険な重労働だったが、その一方で北部の大都市では、そうした新しい社会状況を反映した黒人文化が誕生することになった。

⇨黒人自身の視点からニューヨークハーレムの黒人文化を描き出した詩人ラングストン・ヒューズの最初の詩集『ものういブルース』（1926年）の表紙。

「大 移 動」
<small>グレート・マイグレーション</small>

1914年にはじまった第1次世界大戦は、アメリカ社会に大きな転機をもたらした。まずヨーロッパで戦争が起こったことで、フランスやイギリスから大量の軍需品の注文が入り、アメリカの産業は好景気にわいた。ところがその一方、ヨーロッパからアメリカへやってくる移民が3分の1に減ったため、労働力がすっかり足りなくなった。そこで企業家たちが新たな労働力として目をつけたのが、南部の黒人だった。

こうして戦争が引き金となって、南部の黒人が大挙して北東部や中西部の大工業都市へ向かう「大 移 動」の時代がはじまった。1915年の時点では、移住する黒人の数はまだそれほど多くなかった。しかし1916年の夏には、当時の人びとが目を見張るほど多くの黒人が南部をあとにした。そして1917年にアメリカが参戦すると、何百万人もの兵士が動員された結果、さらに労働力が必要となり、より多くの黒人が移動を開始したのである。

経済的な事情も、移住の要因のひとつだった。黒人の分益小作人や自作農の多くは、農業の新しい手法を知らず、必要な道具を買う資金もなかった。その結果、生産性は下降の一途をたどった。また19世紀末以降、安い輸入農産物に押されて農産物価格は低下しつづけていた。分益小作人や貧しい農業労働者は借金で身動きがとれなくなり、農業では生計を立てることが難しくなっていた。

このような状況のなかで、リスクはあっても知らない土地で一からやり直すほうがよいと考える人びとが出てきたのは当然だった。また1910年代から綿花畑を荒らす害虫が大量発生するようになり、多くの分益小作人や自作農が破産したことも、移住を加速した。

⇩ジョージア州サヴァンナ駅で列車を待つ人びとの写真と「集団移動」の見出し——これは黒人に南部から北部への移住を奨励する「シカゴ・ディフェンダー」紙の第1面（1916年9月2日）。
　この新聞は当時、黒人社会で大きな影響力をもっており、北部での働き口を紹介し、移住する人びとを募っていた。

北部の企業は、南部の新聞や雑誌に求人広告を出した。いずれもの仕事も高給を保証しており、その給料は南部の農業で得る収入の2倍、ときには3倍にのぼった。勧誘員が南部に派遣され、北部で働く人びとを募集したが、その際、応募者には列車の片道切符を無料で提供することもあった。

この時期、ペンシルヴェニア鉄道は1万2000人の黒人を雇いいれたが、そのうち1万人は南部のフロリダ州やジョージア州からやってきた人びとだった。黒人たちはひとりではなく、家族や家族同然に世話をしている知人を全員引きつれて移住したため、彼らが住んでいた南部の農園は人手不足に陥った。

事態を重く見た州政府は、契約が成立するたびに勧誘員

⇩シカゴに到着した南部の農民一家（1922年）──南部の黒人の多くは、旅費を全額負担してくれる勧誘員（リクルーター）の誘いに応じ、家族全員で北部へ移住した（左頁下は、そうした勧誘員の風刺画）。

北部に到着すると、彼らは南部に残った知りあいにあてて、旅はつらく、生活環境はまったく異なり、冬は寒いが、それでも一度ぜひ北部へ来るようにと手紙を書いた。それらの手紙のいくつかは、新聞や雑誌に掲載された。

EXODUS

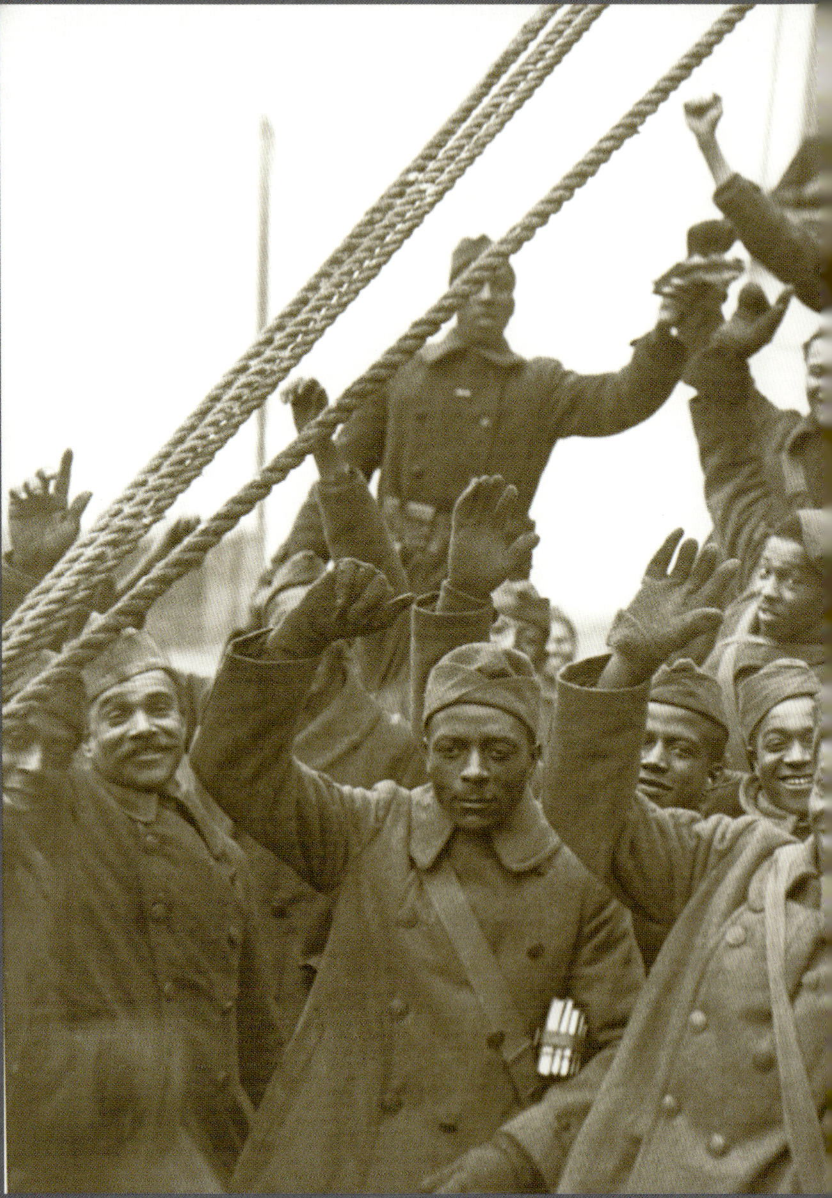

ニューヨークに戻った第369歩兵連隊

　第1次世界大戦では、1917年から18年にかけて36万7000人の黒人兵が動員され、そのうち約10万人がフランスへ送られた。前線で戦ったのは4万人で、大半が支援活動に従事した。

　黒人兵は、第92師団と第93師団で軍務についた。それぞれの師団はいくつもの連隊にわかれていたが、もっとも有名なのは第369歩兵連隊である。これはニューヨークの黒人からなる部隊で、「ハーレム・ヘルファイターズ」と呼ばれていた（この連隊の楽団がフランスにジャズを広めた）。

　黒人兵は分離され、白人の将校の厳しい監視を受けていた。彼らは十分な食事も衣服もあたえられず、あまり訓練を受けることができなかった。

　帰国した彼らは、フランスでは人種分離がなく、自分が好きなカフェに入ったり、好きな店で買い物ができたと語った。彼らの多くが全米黒人地位向上協会（NAACP）のメンバーとなり、公民権運動に参加しはじめた。

　一方、南部では人種分離の支持者たちが、帰国した黒人兵の横柄な態度を不快に感じ、暴動を起こそうという発想をフランスからもちかえったのではないかと恐れるようになった。

に多額の税金を課したり，なんとかして勧誘員を立ち去らせようとしたが，結局はそうした努力も無駄に終わった。

黒人が北部の労働者階級の人口を増加させる

　こうして1916年から21年までに，約50万人の黒人が南部を離れて北部の都市に移住した。イリノイ州のシカゴでは，1910年には4万4000人だった黒人の数が，1920年には11万人，1930年には23万4000人と急増した。ミシガン州のデトロイトでも，1910年には6000人だった黒人が，1929年には12万人にまで増加した。第1次世界大戦後，1921年と24年にヨーロッパからの移民を厳しく規制する法律が制定されたこともあって，南部から北部へやってくる黒人の数は増加の一途をたどった。

　北部に移住した黒人は，さまざまな場所で働いた。アパラチア地域（アメリカ東北部）の炭鉱，ピッツバーグ（ペンシルヴェニア州）やゲアリー（インディアナ州）の製鉄所，フィラデルフィア（ペンシルヴェニア州）の造船所，デトロイトの自動車下請工場，シカゴの鉄道や屠畜場，ニューヨークの既製服製造工場，クリーヴランド（オハイオ州）の弾薬工場

⇩1927年のミシシッピ大洪水時の避難民キャンプ——これはアメリカ史上最大の被害を記録した洪水で，ミシシッピ川の下流地帯に住む南部の何万人もの黒人が，北部の都市シカゴやデトロイトへ大挙移動するきっかけとなった。ミシシッピ州西部の都市グリーンヴィルでは，幅1キロメートル，高さ10メートルの水が押しよせて堤防が決壊した。

　何千人もの人が，住む家と財産を失い，黒人の避難民のために，赤十字社が仮住まいのテントを建てた。食料は不足し，人びとは湿った地面にじかに寝て，皮膚炎や消化器障害に苦しんだ。全員が名前を記した札を首からぶらさげ，食料を手に入れるため，堤防の補修工事などの重労働を行なった。

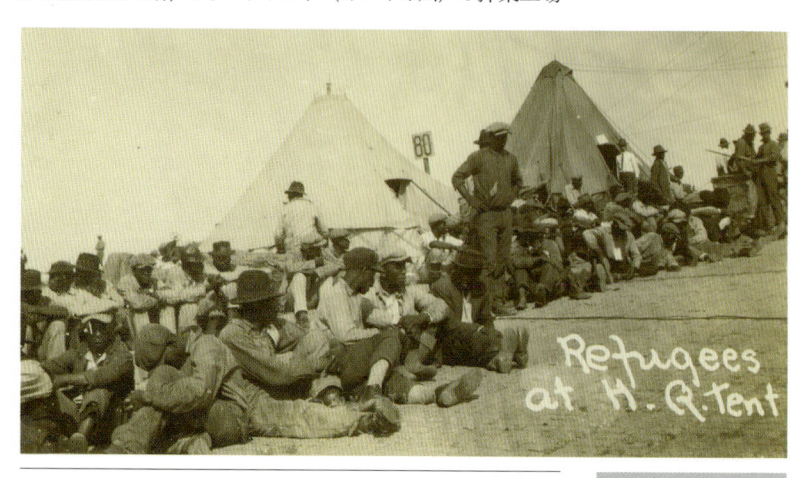

⇦ピッツバーグ（ペンシルヴェニア州）の製鉄所で働く労働者——USスチール社は，ヨーロッパからの移民と黒人を数多く雇用していた。プルマン社の寝台車で働くポーター（荷物運搬人）は，ほぼ全員が黒人男性で，実際の名前にかかわらず，乗客からは「ジョージ」と呼ばれていた。

彼らは，白人が黒人に扮して演じるミンストレル・ショーの登場人物として，ひんぱんにとりあげられた（下は，ミンストレル・ショーのポスター）。

などで，彼らは安い給料のもと，危険な重労働に従事した。しかし，たとえばデトロイトの自動車会社フォードなど，少なくとも第2次世界大戦がはじまるまでは，黒人を雇おうとしなかった企業もある。

多くの場合，白人労働者は黒人労働者に好意的ではなかった。彼らのせいで給料がさがったり，ストライキをつぶされたからである。事実，経営者は白人労働者とのあいだで争議が発生したとき，黒人労働者を使う傾向があった。

高給を得ている白人の熟練労働者を中心としたアメリカ労働総同盟（AFL）に属する労働組合の大半は，プルマン・ポーター組合（1925年）など，自分たちの労働組合をつくった黒人に対し敵意をいだいていた。一方，非熟練労働者を対象に1935年に結成された産業別組合会議（CIO）は，より急進的な組織で，女性や黒人にも門戸を開いた。CIOは，黒人が労働組

合をつくることを奨励し，人種分離に反対の立場をあきらかにしていた。そのため，黒人労働者はこぞってCIOに加盟するようになった。

事実上の人種分離：ゲットー（黒人居住地区）の誕生

北部の都市では，人種分離は法律で定められていなかったが，事実上の人種分離が行なわれていた。黒人はゲットーと呼ばれる黒人居住地区に住み，そこから外に出ることはできなかったからである。

フィラデルフィア（ペンシルヴェニア州）のゲットーを調査したデュボイスは，黒人は雇用の面で徹底的に差別されているため，必然的にゲットー内に幽閉される形になり，社会的地位を向上させる機会を完全に奪われていることを指摘した。黒人の大半は，老朽化した建物の不衛生な狭い住居にすし詰め状態で暮らしていた。行政当局は都市整備計

⇧シカゴの訪問看護婦協会から派遣された看護婦──人口の過密と不安定な生活が原因で，北部の都市にやってきた黒人は結核にかかることが多かった。北部の都市のゲットーでの一番の死因は，結核だった。貧しい黒人の家には，実業家ジュリアス・ローゼンウォルドが創設した基金など，慈善団体が出資する訪問看護婦協会の看護婦が出向いた。青い服，大きな帽子，黒いバッグが目印の看護婦は，結核やさまざまな伝染病患者を発見することに，とくに注意を払った。

画にゲットーを含めなかったため、ゲットーは子どもの遊び場も公園もないまま放置されていた。

ニューヨークのハーレム（マンハッタンの北東部）は、20世紀初頭まではユダヤ人の中流階級が住む地区だった。しかし経済状況が向上するにつれ、彼らは他の地域に移動した。それと同時に、1904年にハーレムに地下鉄が開通したことで、住宅への投機がさかんに行なわれるようになった。ところがその後、景気の後退による破産を恐れた投機家は、黒人に住宅をあっせんしはじめた。その結果、それまで西50丁目や60丁目に住んでいた黒人がハーレムに移り住み、一方、不動産価格がさがることを恐れた白人住民はハーレムを去った。

ゲットーは、まず135丁目のまわりに形成され、その後、四方へ広がっていき、1930年には、南は110丁目から北は155丁目まで、西はアムステルダム・アヴェニューから東はパーク・アヴェニューまで広がった。

1920年には8万4000人だったハーレムの黒人人口は、1930年には少なくとも20万人になっていた。これは当時のニューヨークの黒人人口の3分の2にあたる。そのうちニューヨークで生まれたものは4分の1以下だった。3分の2が南部出身者で、残りの18パーセントがカリブ海の島々からやってきた黒人たちだった。

貧困、人口過密、病気の蔓延といった劣悪な住環境にあえぐハーレムでは、ニューヨークの平均死亡率が1000分の11.4だったのに対して、1000分の16.5に達していた。無料診療所はいくつかあったが医療機関は足りず、1914年から37年まではゲットー内に学校がひとつもなかった。

⇩シカゴのYMCAによる清掃活動に参加する黒人の子どもたち（1919年）――シカゴのサウス・サイド地区は、1920年代末にアメリカ最大の黒人居住地区になった。アイルランド人地区、イタリア人地区、ポーランド人地区、リトアニア人地区が隣接していたが、黒人居住地区は厳格に区別されていた。

厳しい生活状況や人種分離に苦しんでいたにもかかわらず、サウス・サイド地区の黒人は自分たちが住んでいるゲットーに愛着をもち、南部へ戻ろうとはしなかった。行政当局から見捨てられていたサウス・サイド地区では、慈善団体が公共機関のかわりをしていた。たとえばキリスト教青年会（YMCA）は定期的にごみ収集を行なったが、その活動には黒人の子どもたちが参加した。

「ハーレム・ルネサンス」

「大移動(グレート・マイグレーション)」の結果、北部の都市に独創的な黒人文化が開花することになった。南部でもすでに、黒人の伝統的な音楽にヨーロッパからの移民の音楽が融合したジャズが盛んになっていた。しかし、ルイジアナ州のニューオーリンズで活躍していたシドニー・ベシェ、フレディ・ケパード、リー・コリンズ、キング・オリヴァー、ルイ・アームストロングといった有名なジャズ・ミュージシャンたちは、のちにシカゴの黒人居住地区であるサウス・サイドへ移住した。非常に洗練された彼らの音楽は、その後レコード化されて広まり、大きな人気を得ることになった。

ニューヨークでもジャズは大流行した。コットン・クラブやサヴォイ・ボールルームといったナイトクラブでは、一流のジャズ楽団の演奏を楽しむことができた。これらのナイトクラブは、デューク・エリントンやキャブ・キャロウェイといった才能のあるジャズ・ミュージシャンを何人も世に出している。

文学では、第1次世界大戦後に「ハーレム・ルネサンス」と呼ばれる動きが起こった。このグループに属する作家たちは、小説や詩、戯曲、エッセイなどのなかで、黒人が経験している差別と排除の現状を告発し、同時に都市という新しい場所で、黒人の文化遺産をよみがえらせようとした。その結果、ニューヨークのハーレムは、アメリカ黒人の文化的・知的中心地として世界中に知られるようになった。

デュボイスは「クライシス」誌をハーレムで刊行し、南部やカリブ海地域出身の多くの黒人作家がハーレムで活動した。

ショービジネスの世界では、19世紀にはシェイクスピア劇で知られる黒人俳優アイラ・オールドリッジが喝采を浴び

⇩向かって左から右へ、作家ラングストン・ヒューズ、チャールズ・S・ジョンソン、E・フランクリン・フレイジャー、ルドルフ・フィッシャー、ヒューバート・T・ディレイニー(ハーレムにて、1924年)——ハーレム・ルネサンスには、作家だけではなく音楽家や画家など、多くの芸術家が参加した。この運動は、1929年に大恐慌が起きるまで盛況をきわめた。西アフリカやエジプトの美術に大きな影響を受けた黒人画家アーロン・ダグラス(1898~1979年)は、「クライシス」誌の表紙を何度も手がけている。左は、1929年5月号の表紙。

ていたが，20世紀初頭以降，黒人の俳優はニューヨークの大劇場から締めだされた。そのため1910年代末から，リンカーン・シアターなど，黒人の劇場がハーレムにつくられるようになった。しかしチャールズ・ギルピンやポール・ロブスンのように，のちに黒人俳優もニューヨークの大劇場にふたたび出演できるようになった。

　黒人のミュージカル・コメディーも人気が高かった。黒人脚本家によって書かれ，黒人俳優が演じた『シャッフル・アロング』は大ヒットとなり，ニューヨークやそのほかの都市で3年ものロングランを記録した。こうしたミュージカル・コメディーは，数多くの黒人歌手や俳優を世に出したが，1929年に大恐慌が起こるとハーレムの芸術活動は下火になってしまった。

⇧ハーレムのレノックス通りを歩く裕福な黒人女性——ゲットー内にも，社会階層があった。黒人の大多数が貧しかったが，なかには実業家，弁護士，教師，医師など，富裕層もいた。彼らは本を大量に読み，観劇などにも熱心だった。そうした黒人エリートたちは，たいていハーレム北部の高級住宅地シュガーヒルに住んでいた。

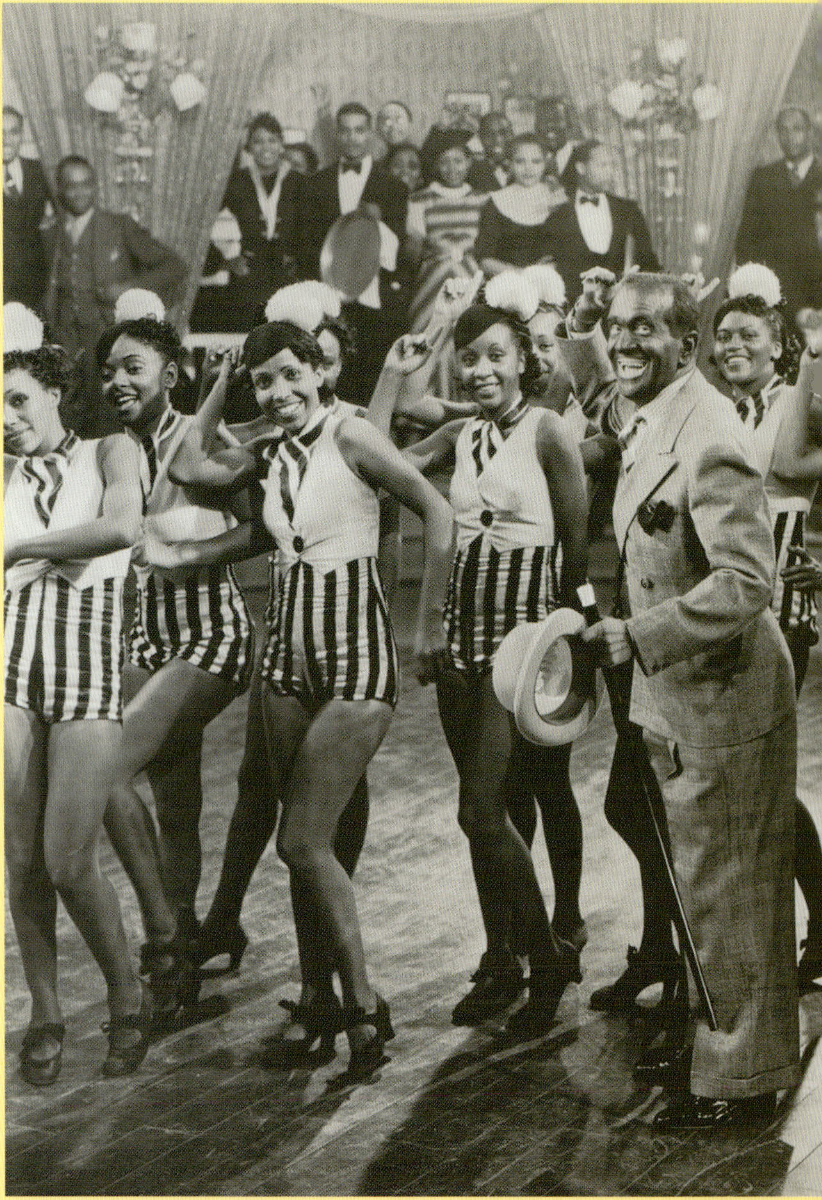

第3章 「大移動」の時代

黒人文化とショービジネス

　1920年代初頭、ハーレムのナイトクラブやダンスホールは、さまざまなショーで評判になった。それらのショーに登場する黒人たちは、アフリカのジャングルや南部の農園の黒人といったパターン化された姿で描かれたが、そこで演奏された音楽は斬新なものだった。

　コットン・クラブでは、デューク・エリントンやキャブ・キャロウェイをリーダーとするジャズバンドや、カウント・ベイシー、ルイ・アームストロング（↑）といったジャズ・ミュージシャンが出演し、ニューヨーク中から白人の観客が押しよせた（黒人は観客としては入場できなかった）。

　熱心な観客のひとりに、歌手で俳優のアル・ジョルソン（1886～1950年）がいた。左は、彼が出演した映画『シンギング・キッド』（1936年）の一場面（中央向かって右側の男性がキャブ・キャロウェイ。左側の男性がアル・ジョルソン）

北部で起きた初期の人種暴動

　第1次世界大戦では黒人も兵士として勇敢に戦い、彼らが勝利して帰国したとき、人びとは歓喜の声でむかえた。しかしそれにもかかわらず、黒人へのリンチや暴動は終わらなかった。それどころか、ますますひどくなっていった。

　当時のアメリカ人は、社会や文化が近代化されるにつれ、大きな不安や不満を感じるようになっていた。そうした負の感情が、黒人に対するうらみや憎しみとなって、極端な民族主義へと向かい、リンチという形であらわれたのである。白人至上主義団体のクー・クラックス・クラン（KKK）が復活し、プロテスタント教会では保守的なキリスト教根本主義運動が起こった。全米黒人地位向上協会（NAACP）は、リンチを禁止する法律の制定に向けて力をつくしたが、南部選出議員の反対にあい、失敗に終わった。

　人種暴動は、それまで南部特有のものだったが（ジョージア州では1904年にステーツボロで、1906年にアトランタで人種暴動が発生した）、北部の都市でも起きるようになった。たいていは小さなもめごとが原因で、白人が群れをなして相手の黒人を殺したあと、その地域に住む黒人全員を標的とし、

↗シカゴ暴動時に騎馬警官隊につきそわれる黒人──1919年7月31日にシカゴで起きた暴動は、若い黒人がまちがって白人専用のプールで泳いだことに端を発している。この黒人は、白人から石を投げつけられて溺死した。警察は、犯人と思われる白人ではなく、この事件とは無関係の黒人を逮捕した。その結果、暴動が起き、それは1週間つづいた。

　この暴動のあいだに、アイルランド系アメリカ人の若いギャングが、サウス・サイド地区で黒人を殺したり、放火をした。警察はその行為を見て見ぬふりをした。黒人の若者は抵抗し、町の中心地で白人を攻撃した。少なくとも23人の黒人と15人の白人が殺され、数百人が負傷し、1000以上の家族（その大半が黒人だった）が住むところを失った。

⇦ 全米黒人地位向上協会（NAACP）の年次総会（1929年）——創立20周年を祝うこの総会で、リンチ反対キャンペーンをふたたび行なうことが決定された。

⇩ 1935年のハーレム暴動で逮捕された人びと——この暴動は、黒人の子どもが万引きを疑われたことに端を発している。しかし本当の原因は、白人の店が黒人を雇わないことだった。警察は、暴動に参加した何百人もの黒人を逮捕した。

住居に放火したり、住民を殺したり、女性を強姦するという経過をたどった。

北部での大規模な人種暴動は、1900年にニューヨーク、1908年にスプリングフィールド、1917年にセントルイス、1919年7月にシカゴで起きた。1919年の夏は、多くの都市で人種暴動が勃発したため、「レッド・サマー」と呼ばれている。このとき黒人は、はじめて白人の攻撃に対して激しく抵抗し、そのため双方に多くの犠牲者が出た。

LARGEST KONKLAVE IN THE MIDDLE WEST
SPRINGFIELD & CLARK CO. KLAN ~ REALM OF OHIO
KNIGHTS OF THE ~ KU ~ KLUX ~ KLAN ~

CLASS OF 600
APRIL 30, 1923
"SOMEWHERE"
IN
CLARK CO.

第3章 「大移動」の時代

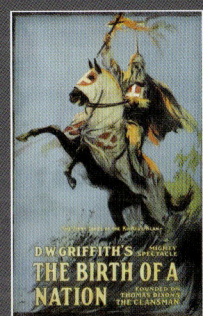

クー・クラックス・クラン(KKK)の復活

1925年8月、クー・クラックス・クラン(KKK)のメンバー4万人が、ワシントンのホワイトハウス前で行進した(左右頁)。この白人至上主義団体は1872年に一度解体されたが、1915年にアトランタで復活した(上は解体前のクー・クラックス・クランを称賛する映画『国民の創成』)。

1920年以降、数十万人のメンバーが新しいクー・クラックス・クランに加盟した(左頁上はその集会の様子)。この新しい団体は、黒人だけではなく、カトリック教徒、ユダヤ人、外国からの移民など、彼らが反道徳的と見なすすべてのものを攻撃対象にしていた。

この新しいクー・クラックス・クランは1930年代に消滅したが、1950年代に黒人による公民権運動がはじまると、黒人だけを攻撃対象とする団体としてふたたび復活した。

黒人のアイデンティティーを主張したガーヴェイ

このような状況を背景として，1910年代末に，マーカス・ガーヴェイと彼が設立した国際黒人地位改善協会（UNIA）が登場した。

1887年にカリブ海のジャマイカで生まれたガーヴェイは，中央アメリカの国々やイギリスなどを転々とし，各地で編集者として働いた。さまざまな国で見聞を広めた彼は，自分たちをとりまく状況を改善するためには，黒人が団結しなければならないという結論に達した。ジャマイカに帰った彼は，1914年8月にUNIAを設立し，その後1916年に本部をニューヨークへ移転させた。

すぐれた演説家で企業家でもあったガーヴェイは，またたくまにアメリカ各地にUNIAの支部をつくることに成功した。さらに機関誌「ニグロ・ワールド」も多くの読者を獲得し，1919年にはアメリカとアフリカを海路で結ぶためのブラックスター汽船会社も設立した。

とくに大都市に住む黒人の一般大衆は，全米黒人地位向上協会（NAACP）が行なっていた法廷での戦いはあまりにもエリート主義的で，慎重すぎると考えていた。それとは逆に，黒人のアイデンティティーを高らかに主張し，黒い肌の色は恥ずべきものではなく，むしろ自分たちの誇りであると熱く語るガーヴェイの姿は，彼らに強い印象を残した。

ガーヴェイは，アメリカの黒人は栄光に満ちた古い文明をもつアフリカの先祖を誇りに思うべきで，アフリカの文明を自

⇧マーカス・ガーヴェイの講演を知らせる国際黒人地位改善協会（UNIA）のチラシ（アトランタ，1917年）——UNIAがアメリカで正式に始動する以前の1916年から17年にかけて，ガーヴェイ（右頁右）はアメリカ各地をまわり，講演を行なった。

分たちの手にとりもどさなければならないと訴えた。UNIAは50万人から100万人の会員を集めたが、その多くは、ガーヴェイの情熱的な演説に魅了され、彼を救世主のように考える大都市の貧しい黒人たちだった。

UNIAは急速な発展をとげたが、ガーヴェイが詐欺罪で投獄され、その後、「望ましくない外国人」であるという理由でアメリカから強制的に退去させられたことで、空中分解した。

ガーヴェイを支持した人びとは、アフリカへ戻ろうという彼の主張そのものに賛同したというよりも、デュボイスのように分別のある言葉ではなく、感情に訴える戦闘的なガーヴェイの言葉に引きつけられたのである。ガーヴェイの言葉は、疎外感に苦しんでいた黒人にアイデンティティーをもたらし、奴隷時代や南部再建の時代のような共同体をふたたびつくりあげる希望を彼らにもたらしたといえる。

第3章 「大移動」の時代

⊳ 1924年にハーレムで行なわれたUNIAのデモ——ガーヴェイが5年間投獄されることに抗議したこのデモは、黒人による最初の大規模なデモだった。

「黒人であることは恥ずべきことではなく、名誉なことだ。UNIAに属するわれわれは、白人になりたいと思っているわけではない。われわれは誇り高く名誉ある人間だ。われわれは自分たちの人種を愛し、母親を崇拝している」と、ガーヴェイは人びとに語った。

黒人票が民主党を有利にする

「大移動(グレート・マイグレーション)」は、文化だけでなく政治的にも非常に重要な影響をもたらした。人種分離が法律で定められていた南部とは異なり、北部では黒人も投票することができ、当初彼らの多くが共和党の候補に投票した。

⇦1929年のオスカー・デプリースト(右の人物)——1871年にアラバマ州で生まれたデプリーストは、不動産業者から市会議員になり、1929年に共和党員として連邦下院議員に当選した。当時、黒人の大半は、依然として共和党を支持していた。

ニューヨークでは早くも1917年に、黒人のエドワード・ジョンソンが黒人票の力で州議会へ送りだされた。シカゴでは、1929年に共和党のオスカー・デプリーストが連邦議会議員として選出されたが、これは黒人がはじめて北部選出の連邦議会議員となった画期的な出来事となった。デプリーストは自分の選挙区であるイリノイ州を代表しただけではなく、黒人社会全体の代表者として連邦議会で活動した。

1930年代末には黒人議員の数も増え、1946年には黒人の州議会議員は30人になった。各地で黒人有権者は、自分たちの投票権が大きな力をもっていることに気づきはじめ、自分たちの敵と思われる候補者、たとえばリンチを禁止する法案に反対の候補者には投票しないようになった。

人種分離が行なわれていた南部では民主党が支配的だったこともあって、一般的に黒人は、奴隷解放宣言を出したリンカーン大統領が所属した共和党を支持していた。しかし1928年の大統領選挙から、民主党へ転じようとする黒人の動きが見られるようになった。共和党は南部の白人を自分たちの陣営に引きいれるため、人種分離に反対の黒人の共和党員を排除しようとした。その結果、共和党候補者ハーバート・フーヴァーは南部の7州で勝利を収め、大統

領に就任した。

ところが、4年後の1932年の大統領選挙では、はじめて黒人の過半数が民主党候補者に投票するという事態になった。その結果、それまでニューヨークに住む黒人以外にはほとんど知られていなかったフランクリン・ルーズヴェルトが、大統領に当選したのである。

1929年の大恐慌

1929年に起こった大恐慌は、黒人の生活にも大きな影響をおよぼした。そのころいわれた言葉に、「雇用は最後、解雇は最初」というものがあった。事実、黒人の失業率は国民平均の3倍にものぼった。北部の都市のゲットー（黒人居住地区）でも、南部の農村地帯でも、黒人はひどい貧困に苦しめられていた。相互扶助や、教会による貧窮者のための給食によって、かろうじて生活していたのである。

1936年の大統領選挙では、北部の黒人の大多数が民主党に票を投じ、フランクリン・ルーズヴェルトが再選された。彼らは当然のことながら南部の民主党員には敵意をいだいていたが、ルーズヴェルトや彼の妻エレノア・ルーズヴェルトは自分たちに好意的であると判断したのだった。

大恐慌に処するためのニュー

⇧1936年のハーレムの食料品店——大恐慌の時期、「働かせてくれない店では買うな」というスローガンが、大都市に住む黒人のあいだで広まった。とくに「公正のための市民連盟」の指導のもと、黒人を従業員として雇わない白人の店での不買運動が、黒人によって進められた。

その一方、黒人は自分たちで店をつくり、そこで働くと同時に商品を購入するシステムを考えだし、実行に移した。1936年以降、ハーレムでは黒人商工会議所の発案で、このシステムで営まれている黒人の店には「N」をデザインした小型ポスターが貼られるようになった（上の写真の右端に、そのポスターが見える）。

⇦1922年6月24日にワシントンで行なわれたリンチ反対のデモ行進。

ディール政策は，南部の民主党員の協力も得て進められたため，連邦政府は人種分離の問題にふれないよう気を配った。しかし，アメリカの政治を動かしていた権力者たちの黒人に対する気持ちは，あきらかに変化していた。

エレノア・ルーズヴェルトは黒人の学校を訪問し，黒人女性をホワイトハウスの茶会に招いた。ルーズヴェルト大統領は，自身が身体障害者だったため，人種的に不利な立場で苦しんでいる黒人に対し同情的で，黒人団体と良好な関係を保っていた。ある黒人新聞は彼のことを「リンカーン以来，最良の大統領」と評した。またルーズヴェルト大統領は，黒人を連邦政府のさまざまな部署の顧問に任命した。1933

⇧スラムに住む少女と話すエレノア・ルーズヴェルト——エレノアは黒人に非常に好意的だった。歌手のマリアン・アンダーソンが黒人であるという理由でコンスティテューション・ホールでのコンサートを拒否されたとき，彼女はリンカーン記念館でコンサートができるようにとりはからった。

年には5万人だった連邦政府の黒人職員は、1946年には20万になった（もっともその大半は下級職員だったが）。

　共産党は、人種分離に反対の立場を示すことで、黒人の支持を集めようとした。1932年と36年の大統領選挙で、共産党は黒人の副大統領候補を立てた。また、これには宣伝の意味もあったが、1931年にアラバマ州で起きたスコッツボロ事件で、人種分離反対のキャンペーンを大々的に展開した。この事件は、最年少が13歳の9人の黒人少年が列車内で、ふたりの白人女性を強姦した罪で告訴され、不公平な裁判にかけられて死刑判決を受けたというものだった。このときは共産党の精力的な活動の結果、最高裁判所は審理のやりなおしを命じ、少年たちは命を救われることになった。

⇩スコッツボロ事件で逮捕された9人の少年（1931年）──これは黒人に対する不当な行為を示す象徴的な事件だった。再審時に少年たちの弁護にあたったサミュエル・レイボヴィッツは見事に彼らの命を救った。

　左右頁下はホワイトハウス前で行なわれた抗議デモ。共産党は、各地でこの種のデモを行なった。

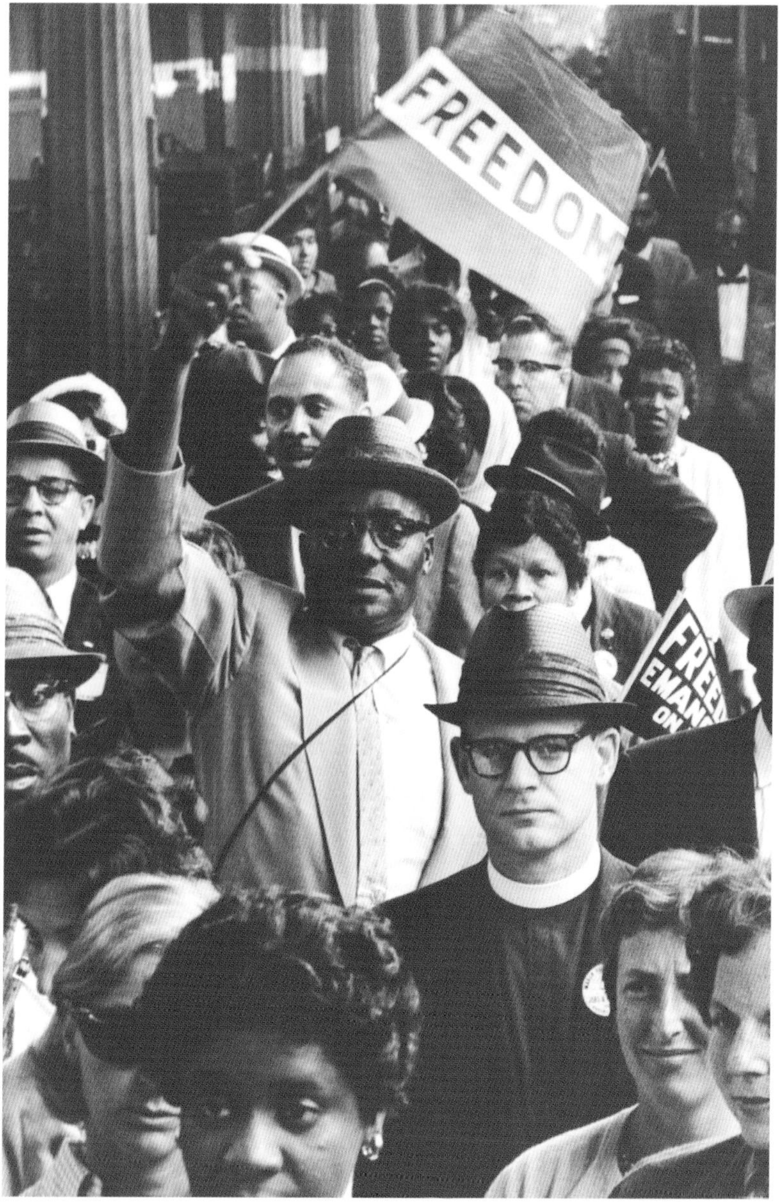
FREEDOM

❖「長い年月をへて，統一行動だけが救いをもたらすことを黒人社会は理解した。ひとりの黒人が反抗しても，町を追いだされるだけだった。しかし1000人の黒人がいっせいに立ちあがれば，状況を根本から変えることができたのである」……………

マーティン・ルーサー・キング

第 4 章

キング牧師と公民権運動

〔左頁〕1963年8月28日，ワシントン大行進に参加するため駅に到着した人びと
⇨演説するマーティン・ルーサー・キング──1955年から65年まで10年間つづいた「第2の再建時代」とも呼ばれる公民権運動の時代は，前例がないほど多くの民衆を結集させた。なかでも1963年8月28日のワシントン大行進は，非常に大規模なものだった。

この日，何十万人ものアメリカ人が，黒人だけではなく白人も，人種分離に反対し，マーティン・ルーサー・キングなどの指導者の演説を聞くため，合衆国の首都ワシントンに押しよせた。

第2次世界大戦は，人種分離の歴史における重要な転機となった。しかし戦争がはじまったときには，黒人の多くが，兵士も民間人も，この戦争がアメリカにおける人種的偏見や人種差別に影響をあたえるとは思っていなかった。わずか20年前に起きた第1次世界大戦は，彼らをとりまく社会状況をなにひとつ変えなかったので，第2次世界大戦も同じ結果に終わるだろうと考えていたのである。しかしふたつの世界大戦は違う性質のものであり，その結果も大きく異なっていた。

真の民主主義対全体主義

　第2次世界大戦でアメリカが戦った相手は，全体主義体制の国家だった。アメリカは民主主義の価値と人権を前面に出して戦い，敵側の人種差別政策を批判した。しかし実際には，アメリカの人種分離も敵側の人種差別政策となんら変わりがなかった。そのため全米黒人地位向上協会（NAACP）の活動家たちは，アメリカが勝利すれば敵側の枢軸国に勝つと同時に，アメリカの人種分離にもとどめを刺すことになると考えて，戦争を支持した。

　スウェーデンの経済学者グンナー・ミュルダールは，著書『アメリカのジレンマ』（1944年）のなかで，人種分離が制度化された民主主義国家がかかえる矛盾と，その矛盾によって必ず引きおこされるだろう変化についてのべている。

　戦争がはじまって間もないころ，軍需品をつくる企業の大半が，黒人の雇用を拒否していた。1941年1月に，プルマン・ポーター組合委員長A・フィリップ・ランドルフは，軍需産業

▷ **A・フィリップ・ランドルフ（1889〜1979年）**——組合活動家のランドルフは，「黒人のための民主主義を獲得することは，民主主義のための戦争に勝つことである」とのべた。1940年代を代表する黒人指導者である彼は，すぐれたオーガナイザーで演説の名手でもあり，工場，軍隊，労働組合などで行なわれている差別に反対するデモを数多く計画した。
　上は，1941年のワシントン行進をよびかけるチラシ。

第4章　キング牧師と公民権運動

での雇用と給料の平等を求めるため、その年の夏にワシントンでデモ行進を行なうことを発表した。ルーズヴェルト大統領は譲歩し、6月25日に、軍需産業で労働者を雇う場合に「人種、信条、肌の色、出身国によって」差別することを禁じる命令を出した。さらに、この命令に違反する差別に対する苦情を調査するための委員会も設置された。

とくに南部では、軍需産業における差別が完全になくなったわけではなかったが、それでも国全体として見れば、状況はあきらかに改善された。デトロイトの自動車会社など、以前から黒人に敵意をもっていたいくつかの企業も、産業別組合会議（CIO）に加盟する労働組合の圧力によって、雇用方針を変えざるを得なくなった。その結果、5万人の黒人労働者がデトロイトに殺到し、人口の過密と住宅不足が引きおこされた。1943年6月20日に、デトロイトでは小さなもめごとが原因で大規模な暴動が発生し、25人の黒人と9人の白人が死亡した。

⇧デトロイトで黒人の車をひっくり返す白人の暴徒——デトロイトの暴動は、白人と黒人の若者どうしの口論からはじまった。1943年6月のある日曜日、市内の公園でひとりの黒人男性が白人女性を侮辱したと非難されたことがきっかけで、白人と黒人の若者の集団が、次々と通行人や商店に襲いかかり、車を破壊した。デトロイト市警察は白人の暴徒の味方をした。暴動を鎮圧し、秩序を回復するために、連邦軍が出動しなければならなかった。

軍隊に入ったアメリカの黒人

徴兵によって100万人（そのうち4000人が女性だった）の黒人が軍隊に入った。1942年以降、海軍など、それまで黒人の入隊を認めていなかった部隊も、黒人兵を採用しはじめた（当時、海軍の黒人は、炊事などの雑用係だけだった）。同じ年、将校への道が黒人に開かれた。黒人の将校が誕生したのはおもに陸軍だったが、海軍でも少しずつ黒人の将校が誕生していった。白人の戦闘部隊と黒人の戦闘部隊は別々にわかれていたが、1945年に、白人小隊と黒人小隊からなる2500人の混成部隊が試験的につくられ、白人兵と黒人兵が共にドイツで戦った。

陸軍でも海軍でも空軍でも、黒人兵は自分たちが兵舎や戦場で無数の差別を受けていることにたえず抗議していた。戦争末期には、ドイツ軍の捕虜のほうが自分たちより良いあつかいを受けている事実も告発した。アメリカに戻った黒人兵は、人種分離は終わらせるべきで、そのために行動しなければならないと考えた。黒人兵のなかにはナチズムのおそろしさを自分の目で見たものもおり、彼らは黒人のために割りあてられたバスの後部の席にはもう二度と座らないことを決意していた。

法律面での前進

人種分離を終わらせるための手段として、一番多くとられたのは法廷での戦いだった。全米黒人地位向上協会

▷ 兵士ドリー・ミラー（1919〜43年）をたたえたポスター ── 戦艦「ウェストヴァージニア」に乗っていたアメリカ海軍兵士のミラーは、日米開戦時の国民的英雄となった。1941年12月7日の日本軍による真珠湾攻撃の際、炊事兵として配属されたばかりの彼は、みずから対空機関銃を操作して戦った。この勇敢な行為によって彼は叙勲され、この公式ポスターのモデルになった。

HIGH COURT BANS SCHOOL SEGREGATION;
9-TO-0 DECISION GRANTS TIME TO COMPLY

(NAACP) は人種分離の事例をもとに訴訟を起こし，裁判所の判断を引きだそうとした。この戦術はなにも新しいものではなく，19世紀末からすでに何度も使われており，なかでも先にのべた1896年の「プレッシー対ファーグソン裁判」は非常によく知られている。

第2次世界大戦後，すぐれた弁護士団の協力を得られるようになった全米黒人地位向上協会（NAACP）は，法廷での戦いを積極的に展開しはじめた。1946年には，ふたつ以上の州にまたがって運行されるバスでの人種分離は憲法に

⇧「ブラウン対トピカ市教育委員会裁判」の判決を報じる「ニューヨーク・タイムズ」紙の見出し（1954年5月18日）

⇗ 造船所で船体の溶接作業を行なう黒人女性労働者——1942年にアメリカの工業は，黒人女性に門戸を開いた。その結果，30万人の黒人女性が仕事を獲得した。彼らは連邦政府機関による短期間の研修を受けたのち，パラシュート製造など女性向きの仕事だけではなく，飛行機，戦車，船の製造など，それまで男性しか働いていなかった重工業部門にも配属された。

シアトルのボーイング社の飛行機工場で働くある女性労働者は，「私はヒトラーのおかげで，（それまで家事使用人として働いていた）白人の家の台所を出ることができた」と語った。女性労働者の給料は，白人も黒人も，男性労働者の3分の2だった。戦争が終わると，彼女たちは家庭に戻された。

〔次頁・次々頁〕駅，酒場，プールなど，公共の場所での人種分離は，依然としてつづいていた。

083

LEARN TO SWIM

CAMPAIGN

JUNE 3 – JUNE 22

CLASSES FOR ALL AGES FORMING IN ALL POOLS

SPONSORED BY DEPARTMENT OF PARKS

第4章　キング牧師と公民権運動

違反するという最高裁判所の判決がくだされた。

　また1954年には「ブラウン対トピカ市教育委員会裁判」で，最高裁判所は公立学校での人種分離が憲法違反であることを宣言した。「人種だけを理由に子どもたちを分離することは，共同体における彼らの地位に関して，彼らに劣等感を植えつけ，彼らの意識と心にとりかえしのつかない悪影響をおよぼす可能性がある」

　このときの最高裁判所長官は1953年に任命されたアール・ウォーレンで，彼のリベラルな思想がこのような判決につながった。この判決は，アイゼンハワー大統領が断固とした姿勢を示さなかったこともあって，南部では尊重されなかったが，それでも人種分離の支持者に大きな衝撃をあたえた。以後，全米黒人地位向上協会は，バス，路面電車，列車など，南部の公共交通機関を対象に，法廷での戦いをつづけた。

ローザ・パークスの逮捕とマーティン・ルーサー・キングの登場

　アラバマ州の州都モンゴメリーの市営バスの車内には，目に見えない境界線があり，前方には白人，後方には黒人が乗る決まりになっていた。白人の数が多い場合，黒人は席を譲らなければならなかった。1955年3月2日に，全米黒人地位向上協会の青年部で活動していた15歳の黒人少女クローデット・コルヴィンが，白人に席を譲ることを拒んで逮捕された。しかし，彼女は既婚男性の子どもを身ごもっており，訴訟を起こすとスキャンダルが生じて作戦が台無しになる恐れがあったため，この事件を利用することは見送られた。

　同じ年の12月1日，同協会の活動家ローザ・パークスが，バスの車内で白人に席を譲ることを拒んだ。以前から彼女に

⇩人種分離が行なわれていたフロリダ州のバス（1956年）——公共交通機関での人種分離は，日々の生活のなかに大きな不満と緊張をもたらしていた。激しい口論になることも多く，白人に席を譲らない黒人に対して，運転手が「うしろへ行け」と命じる光景がよく見られた。ひどい運転手になると，バスの前方で料金を払わせたあと，いったんバスからおりて，後方のドアから乗るよう黒人に要求した（そのとき，黒人を歩道に置きざりにして発車してしまうこともあった）。

　ローザ・パークスが利用していたバスの運転手ジェイムズ・ブレイクは，そのような行為をひんぱんに行なっていて，モンゴメリーでは人種差別主義者として知られていた。

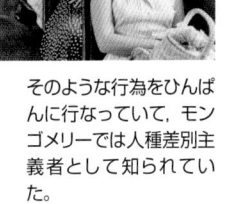

敵意をもっていたそのバスの運転手は，警察をよぶと彼女をおどした。彼女は「どうぞご自由に」と答えた。パークスは即座に逮捕され，その知らせが伝わると，自発的なボイコット運動が起きた。

この運動を持続させるため，12月5日にモンゴメリー改良協会（MIA）がつくられた。指導者には，1954年5月からモンゴメリーで働きはじめたばかりの26歳の牧師マーティン・ルーサー・キングが選ばれた。彼が選ばれたのは，まだ若く無名で，敵がいなかったためである。キングは町の中心にある教会で，バス・ボイコットの正当性について演説を行なった。

「もしわれわれがまちがっているなら，全能者なる神がまちがっていることになる。もしわれわれがまちがっているなら，正義なるものは嘘になる」。人びとはこの演説に熱狂し，歓声をあげた。

⇧⇧バス・ボイコットを推進する人びとの集会（1956年1月27日）──左側で参加者に語りかけているのがマーティン・ルーサー・キング。右側の前列中央に座っている女性がローザ・パークス。

⇧ボイコット中のバスの車内。

モンゴメリー・バス・ボイコット

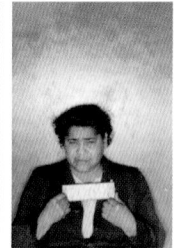

ボイコットという抵抗のための手段は新しいものではなく、すでに南部のさまざまな場所で行なわれていた。1952年には活動家のセオドア・ハワードが南部各地で、ボイコットは全米黒人地位向上協会（NAACP）が行なっている法廷での戦いよりも積極的な行動であると説いてまわっていた。彼はローザ・パークスが逮捕される数日前にモンゴメリーを訪れた。

モンゴメリーで行なわれたバス・ボイコットは、381日間つづいた。これほど長いあいだ人びとを団結させ、ボイコットを持続させるために、モンゴメリー改良協会（MIA）はさまざまな現実的システムを考案した。

たとえば自動車をもっている人やタクシー運転手を募り、彼らの車に相乗りさせることで、人びとの通勤や買い物の足を確保した。そうしたことができない人びとは、自転車やラバが引く荷車で移動したり、何キロメートルもの道のりを歩いて行き来した。ボイコットのあいだバスはがらあきで、バス会社は倒産寸前に追いこまれた。キング牧師は自宅に爆弾を投げこまれ、脅迫され、2週間投獄された。国中がなりゆきを見守るなか、新聞は連日キングを大々的にとりあげ、彼は一躍有名になった。

⇧モンゴメリー・バス・ボイコットに参加する女性——長い道のりを歩かねばならないボイコット参加者を支援するため、黒人教会は大々的に靴の寄付を募った。

1956年11月，最高裁判所は，黒人は公共交通機関で自分たちの好きな席に座ることができるという判決をくだした。最高裁判所から市当局に命令書が送られ，ボイコットは大勝利に終わった。全米黒人地位向上協会の指導部は，ボイコットという一般大衆の行動が成功を収めるとは思っていなかった。一部の過激な白人が暴力的な手段に出て，収拾がつかない事態に発展すると予想していたからである。

法廷での戦いとしてはじまったものが大衆運動に発展したモンゴメリー・バス・ボイコットは，こんにち公民権運動の始まりとみなされている。また，この運動でキング牧師は全国的にその名を知られるようになった。

⬅︎モンゴメリー・バス・ボイコット事件で逮捕された活動家たち（右から3番目がマーティン・ルーサー・キング，左から5番目がローザ・パークス）——警察は脅迫の末に数百人の活動家を逮捕した。「治安を乱した」「違法タクシーを走らせた」などが，おもな逮捕理由だった。

ボイコットが開始されてから約1年後，公共交通機関での人種分離は終わりを告げた。

キング牧師と南部キリスト教指導者会議（SCLC）

1957年1月，マーティン・ルーサー・キングは南部キリスト教指導者会議（SCLC）を結成した。これは黒人教会の組織網を背景に，南部での非暴力による抗議運動を統一するためにつくられた団体で，人種分離が合法化されていたすべての州に存在した数多くの活動を連携させる役割をはたした。最高裁判所の命令は必ずしも行政当局によって守られるとはかぎらなかったため，新

⬇︎ボイコットが勝利を収めたことを報じる「モンゴメリー・アドヴァタイザー」紙の第1面（1956年11月15日）

しい世代の黒人は別の方法で人種分離を打ち破り，投票権を獲得しなければならないと考えるようになった。

1957年に，アーカンソー州知事オーヴァル・フォーバスは，リトルロック・セントラル高校への入学が認められた黒人生徒が登校しようとしたとき，州兵を出動させてそれを妨害した。さらに彼は，人種統合された学校を認めるよりはましと考えて，すべての公立学校を閉鎖した（閉鎖は2年間つづいた）。1960年ころに人種統合された学校で教育を受けることができた南部の黒人は，1パーセントにも満たなかった。アラバマ州知事ジョージ・ウォーレスは，こういいはなった。「今日も，明日も人種分離はつづく。それは永遠に変わらない」

広がるシット・イン

シット・インと呼ばれる運動も行なわれた。これは人種分離された公共の場所にただじっと座りこむという抗議運

⇧リトルロック・セントラル高校でのエリザベス・エックフォード（中央）——1957年9月4日，16歳のエリザベス・エックフォードは，ほかの8人の黒人生徒と共に，それまでは白人だけが通うことができた学校へ向かった。しかし，州知事の命令で出動した州兵に阻止され，校内に入ることができなかった。9月24日，9人の生徒は，今度は連邦軍に護衛してもらったおかげで，校内に入ることができた。しかし1年後，州知事によって学校は閉鎖された。

動だが、やはりボイコットと同じく、このときはじめて考案された手法ではない。第２次世界大戦前のインドで、イギリスからの独立運動を指揮していたガンディーが使った手法で、1942年にシカゴ大学の学生によって設立された人種平等会議（CORE）が非暴力的な抵抗運動としてとりいれたものだった。

シット・インは1960年２月にはじまった。ノースカロライナ州グリーンズボロの４人の学生が、雑貨チェーン店ウールワースの店内にある白人専用のランチ・カウンターに座った。そのカウンターでは黒人客の注文を受けつけないことになっていたため、店側は彼らに給仕をしなかった。しかし、追いだされることもなかったので、彼らはそのまま席に座っていた。翌日は19人、翌々日は85人がシット・インに参加した。またたくまに、シット・インは南部全土に広がった。

この運動から、キングが結成した南部キリスト教指導者会議（SCLC）よりも急進的な団体が誕生した。1960年４月に

↑ジャクソン（ミシシッピ州）のウールワースでシット・インをするCOREのメンバー（1963年５月）——まわりの人間の挑発を無視することが、非暴力的な抵抗運動の原則である。しかし白人専用のランチ・カウンターに座り、飲み物やマスタードを頭の上からかけられても動じずに平然としているのは難しい。上の写真で、カウンターの一番奥に座っている黒人女性は、自伝『貧困と怒りのアメリカ南部』で知られているアン・ムーディである。

ノースカロライナ州の学生100人が集まって設立した学生非暴力調整委員会（SNCC）である。メンバーのなかには、のちにブラックパワー運動と呼ばれる戦闘的な運動の指導者となる、ワシントンのハワード大学の学生ストークリー・カーマイケルもいた。彼らは自分たちが革命の先頭に立っているという自負のもとで、より危険な抵抗運動に身を投じるようになっていった。

フリーダム・ライド

シット・インも安全というわけではなかったが（ときには激しく殴られてカウンターから引き離されることもあった）、学生非暴力調整委員会（SNCC）と人種平等会議（CORE）が実行したフリーダム・ライドは、文字どおり命を危険にさらす可能性があった。これは黒人と白人の若者からなる混成グループが、一緒にバスに乗って南部を横断することで、人種分離に抗議するという計画である。

⇧アニストンでのバス火災（1961年5月14日）── 人種分離主義者たちは、フリーダム・ライドを許しがたい挑発と考えて、なんとしてでも阻止しようとした。アニストンでのバス火災で救出されたメンバーは、バーミングハムにたどりついたが、そこでもふたたびクー・クラックス・クランが彼らを襲撃し、何人ものメンバーが病院へ運ばれた。キングは白人の若い学生が死を覚悟してフリーダム・ライドに参加したという話を聞いて、大きな感銘を受けたといった。この最初の旅行は途中で終わる結果となったが、1961年には60回以上のフリーダム・ライドが実施された。

第4章 キング牧師と公民権運動

　1961年5月4日に最初のメンバーが、首都ワシントンからルイジアナ州のニューオーリンズへ向けて出発した。彼らが行く先々では、人種差別主義者の白人や州当局がさまざまな暴力的手段に出た。5月13日にはアトランタのバスターミナルでキングが一行を熱烈に出迎えた。しかし、彼はアラバマ州を通ってはいけないと警告した。

　キングの不安は的中した。翌5月14日、アラバマ州アニストン近郊で、いきり立った群集がバスに火をつけて、出口をふさぎ、乗客を焼き殺そうとした。ひとりの警察官がぎりぎりのところで乗客を助けだし、リンチを阻止した。とくに狙われたのは、白人のメンバーだった。黒人の味方をして、白人を裏切ったからという理由である。命に危険がおよんだため、バス旅行はアラバマ州のバーミングハムで中断され、一行は飛行機でニューオーリンズへ向かった。

　しかし、その後もフリーダム・ライドはつづいた。5月17日、別のメンバーがテネシー州のナッシュヴィルを出発した。彼らはバー

⇩自由への祈りの巡礼で歌うマヘリア・ジャクソン——黒人教会から生まれたゴスペルに由来する「ウィ・シャル・オーバーカム（勝利をわれらに）」は、公民権運動のテーマソングとして、さまざまな活動の際に歌われた。歌手のマヘリア・ジャクソンは1911年にルイジアナ州で生まれ、1927年にイリノイ州のシカゴへ移って本格的な音楽活動をはじめた。彼女は、ゴスペル界で最高の歌手とみなされている。公民権運動を歌によってもりあげた彼女は、キングの葬儀で彼の好きだったゴスペルを歌った。

⇦デモで歌う学生非暴力調整委員会（SNCC）のメンバー（1962年）。

093

ミングハムで逮捕され、投獄されたが、刑務所で「ウィ・シャル・オーバーカム（勝利をわれらに）」を高らかに歌った。さらに別のメンバーも投獄されたり、暴力をふるわれた。このようなことが何度も起きたすえに、北部に戻った彼らは英雄としてむかえられた。

フリーダム・ライドは、公民権運動にとって無視できない結果をもたらした。そのころ登場したばかりのテレビで、人種分離主義者による暴力が報道され、国民に激しい衝撃をあたえたからである。また、フリーダム・ライドのメンバーが通った南部の小都市や農村の黒人たちは、若い活動家たちの勇気に心を動かされた。そしてついに連邦政府も介入せざるをえなくなり、1961年の夏、司法長官のロバート・ケネディはバスターミナルでの人種分離の撤廃を強く要求した。

⇧群集に語りかけるロバート・ケネディ——黒人の公民権運動に好意的だった彼は、次のような公式見解を出した。
「公立学校での人種分離撤廃の決定は、よいことだと思う。しかし、私の意見は重要ではない。法律がそう定めているからだ。この決定がよくないことだと思っている人もいる。それは重要ではない。法律がそう定めているからだ」

連邦政府の相反する態度

一般的に、アメリカの大統領は南部の人種分離を撤廃することに積極的ではなかった。アイゼンハワー大統領は、「道徳に関する法律を制定することはできない」といって、状況が改善されることに懐疑的だった。

彼は「ブラウン対トピカ市教育委員会裁判」において、

公立学校での人種分離が憲法違反であるとした最高裁判所の判決を表向きには支持していたが，実際には，最高裁判所長官アール・ウォーレンを任命したことを悔やんでいたといわれる。アイゼンハワーは1958年6月までキングに会おうともせず，黒人のためになにもしなかったが，それは南部の人種差別主義者に同情的だったからではなく，この問題に深く関わると国を分裂させかねないと考えていたからだった。

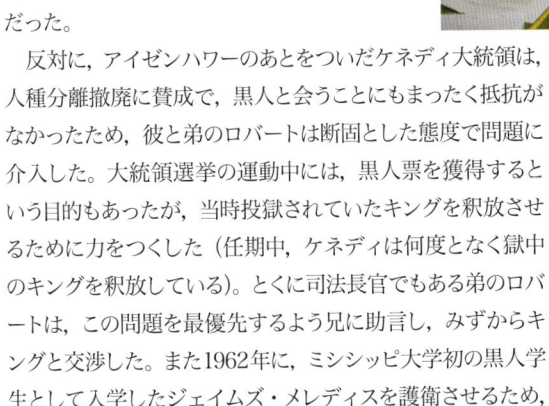

　反対に，アイゼンハワーのあとをついだケネディ大統領は，人種分離撤廃に賛成で，黒人と会うことにもまったく抵抗がなかったため，彼と弟のロバートは断固とした態度で問題に介入した。大統領選挙の運動中には，黒人票を獲得するという目的もあったが，当時投獄されていたキングを釈放させるために力をつくした（任期中，ケネディは何度となく獄中のキングを釈放している）。とくに司法長官でもある弟のロバートは，この問題を最優先するよう兄に助言し，みずからキングと交渉した。また1962年に，ミシシッピ大学初の黒人学生として入学したジェイムズ・メレディスを護衛させるため，連邦軍を派遣したのもロバートだった。

⇧最高裁判所長官アール・ウォーレン——1953年から69年までウォーレンがひきいた最高裁判所は，個人，とくにマイノリティの権利を守る立場をはっきりと示していた。カリフォルニア州知事をつとめたあと，アイゼンハワー大統領によって最高裁判所長官に任命されたウォーレンは，法律とは権利の平等を推進するための道具であって，すでに獲得された権利を守るための道具ではないと考えていた。すべての連邦政府機関のなかで，最高裁判所はあきらかに公民権運動に対して積極的に活動していた。

⇦ミシシッピ大学に入学するジェイムズ・メレディス——州知事以下の行政当局や多くの白人学生の反対にもかかわらず彼が入学できたのは，司法長官をはじめとする連邦政府の強い支援があったからである。

1960年代の大規模な運動：バーミングハムからワシントンへ

1960年代には，大規模な運動が展開された。それらの運動は多くの場合，南部キリスト教指導者会議（SCLC），人種平等会議（CORE），学生非暴力調整委員会（SNCC）が合同で行なった。その際，政治やマスメディアへ大きな影響をあたえることができるような都市や手段が選ばれた。

1963年の春，バーミングハム警察は，1平方センチメートルあたり50キロもの圧力がかかる高圧放水器，催涙ガス，警察犬を使って，デモ参加者を攻撃した。激しい水の衝撃を受けて転倒したり，犬にかみつかれて服をずたずたに引き裂かれた人びとの様子が，マスメディアを通じて世界中に伝えられた。3000人以上が暴力をふるわれ，投獄された。

このときキングも投獄されたが，デモではなくねばり強い対話によって状況を改善していくべきだという意見に対して，「バーミングハムの獄中からの手紙」のなかで，彼は不服従と非暴力による抗議行動の必要性を強調した。

その年の9月15日には，公民権運動の拠点として知られていたバーミングハムのバプテスト教会が，クー・クラックス・クランのメンバーによって爆破され，11歳から14歳の4人の少女が亡くなった。さらに同じ日に行なわれた抗議デモでは，警察との衝突で13歳と16歳の子どもが亡くなった。爆弾事件のあまりの多さに「ボミングハム」（爆弾の都市）と呼ばれるようになったバーミングハムでの一連の出来事は，国中に衝撃をあたえ，人種分離撤廃への動きが加速された。

一方，1963年の夏には，合衆国の首都ワシントンで大規模なデモが行なわれた。これは，1941年に組合活動家A・フィ

⇩デモ参加者に放水するバーミングハムの消防士──1963年春，南部キリスト教指導者会議のメンバーであるフレッド・シャトルワース牧師に頼まれて，キングはバーミングハムへやってきた。シャトルワースは，度重なるクー・クラックス・クランの襲撃から奇跡的に生きのびてきた人物だった。ふたりは，コナー署長ひきいるバーミングハム警察の乱暴なやり方を世の中に知らせるため，デモの計画を立てた。

コナーは「黒人に身のほどを思い知らせる」ためには，暴力を使うしかないとかたくなに信じていた人物である。「バーミングハムの獄中からの手紙」のなかで，「もはや我慢も限界となり，人びとが絶望の深淵のなかで生きていくことを望まないときがきたのです」とキングは書いた。

第4章　キング牧師と公民権運動

リップ・ランドルフが計画したワシントン行進から着想を得たものである。公民権運動を指揮する各組織の指導者は、このワシントン大行進の趣旨には賛同したが、彼らの目的はそれぞれ少しずつ異なっていた。穏健派の全米黒人地位向上協会は、連邦議会で南部の民主党員と対立していたケネディ大統領への支持を表明することを目的としていた。急進的な人種平等会議と学生非暴力調整委員会は、連邦政府のあいまいな態度を告発しようとしていた。キングと彼がひきいる南部キリスト教指導者会議は、黒人の権利を要求し、公民権運動の全国的なもりあがりを示そうとしていた。

当時ワシントンでは、バーミングハムと同じくらい厳しい人種分離が行なわれており、多くの黒人がひどい貧困状態のなかで暮らしていた。8月28日の朝、多くの人を乗せたバスや自動車や列車がワシントンへ向かい、中心部のナショナル・モールには25万もの人が集まった。午後遅く、何人もの活動家による演説のあと、キングが演壇に立った。

⇧バーミングハムで警察犬に襲われるデモ参加者——コナー署長は多くの人間を逮捕するより、犬を使って彼らを追い散らすほうが効果的だと考えた。犬は警察官から命じられたとおり相手の腹部にかみつき、多くのデモ参加者が病院に運ばれた。

このデモの様子を撮影した写真が世界中で公開され、アメリカ南部の人種差別主義者による行きすぎた暴力が、人びとの目にあきらかになった。このような報道がなかったら、人種分離の撤廃はさらに遅れることになったかもしれない。

マーティン・ルーサー・キングの夢

　キングは抑圧を告発し、勝利を獲得するまで戦いつづけることを宣言し、希望もなくゲットー（黒人居住地区）のなかに押しこめられているかぎり黒人は満足しないと断言し、正義が実現されることを訴えた。彼ははじめ原稿を読みあげていたが、途中で即興の演説となり、バプテスト派の黒人教会の説教でよく用いられる、同じ言葉を何度もくりかえすというスタイルで人びとに語りかけはじめた。彼は演説のなかで、「私には夢がある」という言葉を7回、「自由の鐘を打ち鳴らそう」という言葉を4回使い、それらの言葉が語られるたび、聴衆が拍手と歓声で応じた。

　正義と平等の理想を説き、肌の色が不利な立場や不幸をもたら

してはならないと主張した、この情熱に満ちあふれた演説は、たんなるデモを歴史的事件に変えた。それはまさに100年前のリンカーンによる奴隷解放宣言に匹敵する、アメリカ史上もっとも有名な演説となった。

ワシントン大行進の翌年、キングはノーベル平和賞を受賞した。1964年12月11日にノルウェーのオスロ大学で行なわれた受賞講演で、彼はノーベル平和賞が授与されたのは非暴力の原則に敬意が表されたためだとのべ、さらに貧困の問題にまで踏みこんだ。「豊かな国家は、少数の裕福な人間と多数の貧しい人間のあいだの深淵を埋める努力をしなければならない」

キングはノーベル平和賞受賞という「山頂」に達し、そこに「とどまりたい」という誘惑に駆られていると告白したあと、それでも自分は「戻る」と宣言した。「選挙人登録をしたり、投票権を行使しようとすると、多くの黒人が暴力をふるわれ、脅迫され、ときには殺されることもある谷間」へ「戻る」のだと。

とはいえ、彼をはじめとする活動家の最初の目的は達成された。1963年6月11日にケネディ大統領が提出していた、公共の場所での人種分離を完全に禁止する新しい公民権法案がその1年後に可決され、1964年7月2日にジョンソン大統領の署名によって正式に法律として制定されたのである。

◻ 演説するマーティン・ルーサー・キング（1963年8月28日）──キングは1929年1月15日に、ジョージア州のアトランタで、バプテスト派の牧師の家に生まれた。彼の父も祖父もこの町の教会の牧師で、母は教会のオルガン奏者だった。アトランタの黒人の中流階級の家の男子がみなそうだったように、彼はモアハウス大学に進学した。1948年にはペンシルヴェニア州のクローザー神学校に入学し、社会的福音運動について学び、ガンディーの著作をむさぼるように読み、彼の非暴力的な抵抗運動に強い関心をいだいた。

そのころから彼はすぐれた演説家だったが、弁論術の授業を受けることで、才能はさらに磨かれた。のちに公民権運動の指導者となった際、彼の雄弁さは大きく役だった。

1963年8月28日のワシントン大行進時に、ナショナル・モールに集まった人びと（左頁上）の前でキングが行なった演説は、アメリカ人の記憶に深く刻みこまれている。「私には夢がある。いつの日か、ジョージアの赤い丘の上で、かつて奴隷だった者の子どもたちと、かつて奴隷の主人だった者の子どもたちが、兄弟のように同じテーブルにつくことができるという夢が」（⇨p.5）

⌂ セルマの行進での光景――「われわれは、ここにはたどりつけないだろうといわれていた。(略)

しかし、われわれはいまここにいて、アラバマ州兵に向かって、『われわれはいま、ここにいる。誰も、われわれを引きかえさせることはできない』といっていることを、今日、世界中の人びとが知っている。

1964年の公民権法は、部分的にではあるが、黒人に正当な尊厳をあたえた。しかし投票権がなければ、この尊厳には力がない。そこでふたたび非暴力的な抵抗運動が開始され、ふたたび敵に立ちむかうために共同体全体が動員されたのである。

死に瀕した乱暴な秩序が、この地方全体で断末魔の叫び声をあげている。しかし、セルマは人間の良心に光がさしこむときをむかえた。執拗に攻撃されている黒人の味方として危険に立ちむかうため、あらゆる人種からなり、すべての宗教の聖職者と信徒が、ここセルマに駆けつけてくれたこの巡礼以上に、人の気持ちを奮いたたせ、名誉にふさわしいものは、アメリカ史上かつてなかった。セルマという小さな町に凝縮された善悪の対決は、国全体の流れを変える力を生みだした」

(モンゴメリー到着時のキングの演説)

セルマのデモ行進

1964年末にアラバマ州のセルマで、投票権運動が計画された。当時、その地域の黒人で選挙人名簿に登録し、投票権をもっていた住民は、わずか1パーセントにすぎなかった。登録事務所の窓口は月に2日しか開いておらず、登録できる時間もあらかじめ決まっていなかったからである。セルマから州都モンゴメリーまで、80キロメートルの道のりを、人びとは抗議のためにデモ行進することになった。

行進は3回行なわれたが、1回目と2回目は目的地まで行くことができなかった。1965年3月7日の行進は、アラバマ川に架かる橋の上で警察に阻止された。17人のデモ参加者が負傷し、そのうち数名は重傷を負った。このことから、この日は「血の日曜日」と呼ばれるようになった。2回目の行進はその2日後に、キングを先頭として出発した。しかし、再度の衝突を避けるため、やはり途中で引きかえした。

3回目の行進は成功した。3月19日にセルマを出発したデモ参加者は、沿道からの罵声が飛びかうなかをひたすら歩きつづけ、5日後にモンゴメリーに到着した。その様子は、ふたたび世論を動かした。

4ヵ月後、ジョンソン大統領は投票権法に署名した。この1965年の投票権法では、黒人から投票権を奪うことを目的とする妨害行為が禁じられた。こうしてアメリカの黒人は、ついに完全な権利をもつアメリカ合衆国市民となったのである。

⇩リンドン・ジョンソン
——公民権運動の成果があらわれはじめたのは、ケネディの死後、ジョンソン大統領になってからのことで、1964年の公民権法につづいて1965年に投票権法が制定された。

南部テキサス州出身の民主党員だったジョンソンは、キングとはじめて会ったとき、一緒に写真に撮られることを望まなかった。彼は公民権法制定のために必要な措置を積極的にとったが、ケネディ大統領とは異なり、公民権運動の指導者たちとは距離をとっていた。

1967年、ジョンソンは南部選出の民主党議員の反対を押しきって、全米黒人地位向上協会（NAACP）の主任弁護士サーグッド・マーシャルを最高裁判所判事に任命した。マーシャルは、黒人初の最高裁判所判事となった。公民権法を制定したのち、ジョンソンは貧困問題にとりくんだ。

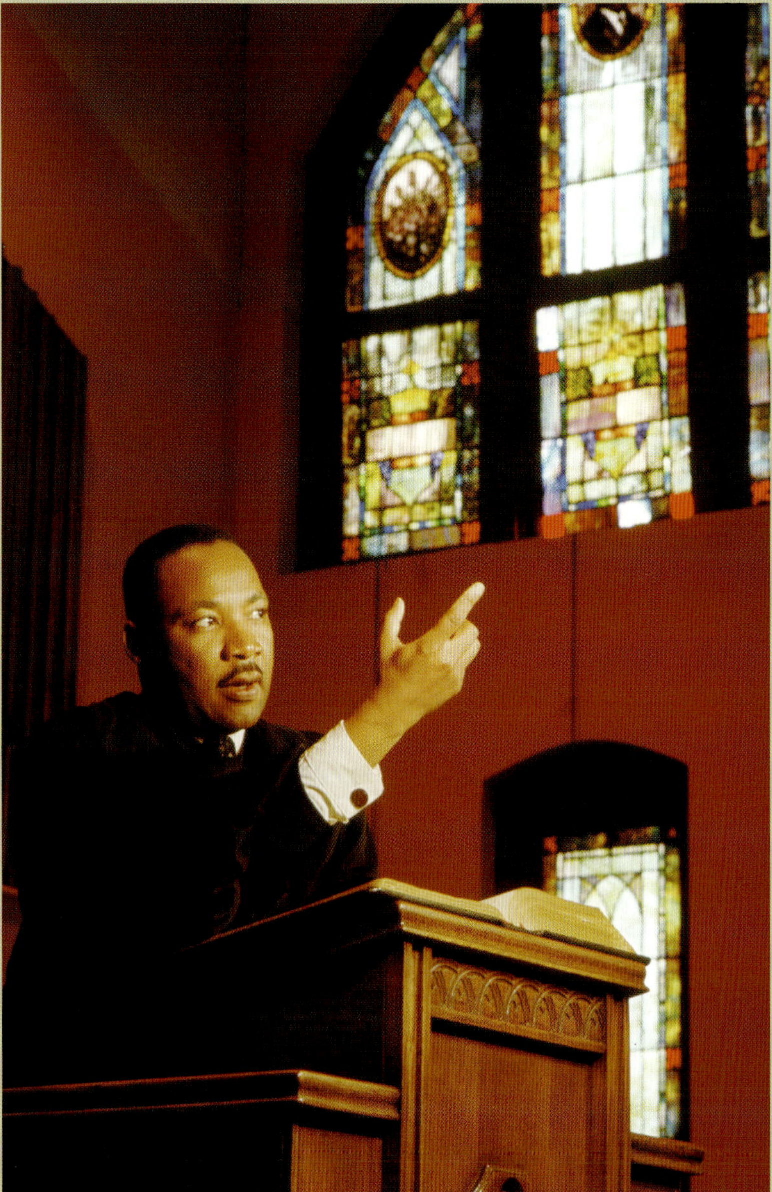

第4章 キング牧師と公民権運動

キング牧師の生涯

神学博士であり、1953年に牧師に任命されたキングは、生涯を通じて強い信仰に支えられた聖職者でありつづけた（左頁はアトランタの教会で説教するキング：1964年）。

彼は1955年のモンゴメリー・バス・ボイコット事件のとき、いわば思いがけない形で政治に関与するようになったが、その後も政治の世界にとどまりつづけ、黒人の権利を獲得するためにみずからの人生を捧げた。

右頁下は、セルマからモンゴメリーへの行進の先頭に立つキングと妻コレッタ。キングは妻が4人の子どもの世話に没頭することを望んでいたようだが、コレッタは公民権運動にかかわり、控えめながらも重要な役割をはたした。

右頁上は、ホワイトハウスでケネディ大統領に会うキングと公民権運動の活動家たち（1963年8月）。キングは非暴力的なデモを計画する一方で、連邦政府の権力者とも忍耐強く交渉した。彼はどのような非暴力主義にもとづく抵抗運動にも、次の4つの段階があるといっている。

「1.不正義が存在するかどうかを証明する事実の収集。2.交渉。3.自己浄化（圧制者に対する憎しみを捨てる）。4.直接行動」

ゲットー（黒人居住地区）での暴動

　公民権に関する重要な法律が制定されたあと、キングは北部の状況に目を向けるようになった。北部の都市のゲットー（黒人居住地区）では、非常に大規模な暴動がいくつも起きていた。ジョンソン大統領は、「偉大な社会」計画、つまり貧困や差別を対象とする広範な社会福祉政策を推進すると宣言し、それに黒人は大きな期待をいだいていた。ところがいざ計画がはじまり、自分たちにはたいした恩恵がないことがわかると、上の世代以上に社会的地位の向上を望んでいた若い世代の黒人は、失望と恨みをつのらせるようになった。

　連邦政府は人種分離が撤廃されたことを高らかに表明したが、実際の日常生活では、黒人はあいかわらず差別されていた。そのような現実が、彼らを暴動へ向かわせたのである。

　暴動はいつも、ほとんど同じような形で展開した。まず、黒人の若者と警察のあいだで小さなもめごとが起きる。そのあと多くの人が集まってきて、黒人の住民と警察がいいあらそいをする。そこに警察の増援部隊がやってくる。住民が石や瓶を投げはじめ、またたくまに暴力が拡大し、警察が発砲するという具合だった。

　1964年7月にはニューヨークのハーレムで（死者1人）、1965年8月にはロサンゼルスの黒人居住地区ワッツで（死者34人）、さらにはイリノイ州のシカゴやマサチューセッツ州のスプリングフィールドで、同じような暴動が発生した。1967年の夏にはアメリカの大都市で、大規模な暴動がつづいた。まず7月12日にニューヨーク郊外のニューアークで、黒人のタクシー運転手と警察のあいだのもめごとがきっかけで、数千人の暴徒が町を荒らした。暴動はようやく1週間後

におさまり、23人の死者と甚大な被害が出た。

ミシガン州のデトロイトで起きた暴動は、さらにすさまじかった。7月23日の夜明けに非合法の酒場に警察が手入れをしたことに端を発した6日間の暴動で、43人の死者が出て、1万7000人の治安部隊員が投入された。この夏には、全国の黒人居住地区で103もの暴動が発生した。1960年代の黒人は、依然として人種的偏見と差別の犠牲者だったのである。

ブラックパワー運動のはじまり

1960年代中ごろから、黒人運動は過激化していった。多

〔左頁上〕1967年7月のニューアーク(ニューヨーク郊外)での暴動時に、にらみあう黒人の若者と連邦軍

1964年7月のブルックリン(ニューヨーク)での暴動時に、警察官に追われる黒人の少女——ゲットーの黒人と警察の関係は、たえず緊張に満ちていたが、1960年代もそれは同じだった。1964年の公民権法と1965年の投票権法は、北部の黒人、とくに若者には関係がなかったため、彼らは政治的に見捨てられたように感じ、暴動を起こしたのである。

1967年7月にミシガン州のデトロイトで起きた暴動は、とくにすさまじかった。この町の治安部隊員は95パーセントが白人で、アイルランド系やイタリア系の労働者階級出身の彼らは、黒人に激しい敵意をいだいていた。この暴動は警察や州兵の統制能力を超えてしまったため、暴徒を狙撃する命令がくだされた。町は6日間、燃えつづけた。連邦軍が派遣され、ようやく町は秩序をとりもどした。

くの若い黒人が、公民権はごまかしでしかなく、警察に対して自分たちの身を自分たちで守っていかなければならないと考えるようになり、よりはっきりと黒人のアイデンティティーを主張するようになった。キングは尊敬されてはいたが、白人の権力者にあまりにも迎合的だとみなされていた。このような状況に、ベトナム戦争への反対運動が加わった。黒人社会はこの戦争を帝国主義的だとして非難するようになった。

学生非暴力調整委員会 (SNCC) や人種平等会議 (CORE) 出身の若くて急進的な活動家たちは、白人社会と黒人社会の統合は幻想にすぎないと考えるようになった。1966年の夏以降、学生非暴力調整委員会の委員長ストークリー・カーマイケルは、ブラックパワー運動と呼ばれる戦闘的な運動を開始し、経済的な自立と自分たちの文化を尊重することを黒人社会に訴えかけた。黒人民族主義運動の指導者マルコムXも、白人社会はどうしようもなく人種差別的だとして、キングを痛烈に批判した。
「キングは夢を見ているが、われわれ黒人は悪夢に生きている」

1966年には、カリフォルニア州のオークランドで、ボビー・シールとヒューイ・ニュートンがブラック・パンサー（黒豹）党を結成した。マルクス

⇩1968年のメキシコシティオリンピックで表彰台に立つ選手たち――トミー・スミスとジョン・カーロスは、黒い手袋をはめてこぶしをつきあげている（左端に立っているオーストラリア人ピーター・ノーマンも、彼らを支持するバッジをつけている）。ブラックパワー・サリュートという、黒人差別に抗議する彼らのしぐさは、政治的パフォーマンスとみなされ、国際オリンピック委員会は彼らをオリンピックから追放した。

主義と黒人民族主義を基盤とするブラック・パンサー党は、はじめはゲットーを警察による暴力行為から自衛するための組織だったが、1968年には5000人近い党員を集めるまでに成長し、多くの大都市で暴力的な活動をするようになった。ブラック・パンサー党は、ベトナム戦争の終結、ゲットー内での社会福祉プログラムの創設、公平な司法制度の確立を要求した。また、黒人社会に自衛をよびかけ、1967年にはカリフォルニア州のサクラメントの州議会前で武器をもってデモ行進を行なった。

同じ年、ニュートンが警察官殺害容疑で有罪になった。しかし1970年に控訴審で無罪となり、釈放された。FBI（連邦捜査局）長官エドガー・フーバーは、ブラック・パンサー党を「国家の安全に対する最大の脅威」と位置づけ、厳しい弾圧を行なった。FBIは、国家の安全に脅威をもたらすおそれがある個人や組織に対する隠密の破壊行動によって、ブラック・パンサー党内を内部から分裂させることに成功した。1970年代初頭には、党はほとんど壊滅状態になった。

⇧マルコムX（1925〜65年）——彼は1964年まで、イライジャ・ムハンマドひきいるネーション・オブ・イスラムのスポークスマンだった。マルコムXは、黒人民族主義をとなえ、白人との関係をいっさい拒絶した。すぐれた演説家だった彼は、必要ならば暴力に訴えてでも、黒人みずからが問題を解決すべきだと考えていた。ゲットーに住む若い黒人は、彼の影響を強く受けた。

〔左頁上〕プロボクサーのカシアス・クレイは、1964年にネーション・オブ・イスラムに入信し、モハメド・アリと改名した。

⇦ブラック・パンサー党の党員を指名手配するFBIのポスター

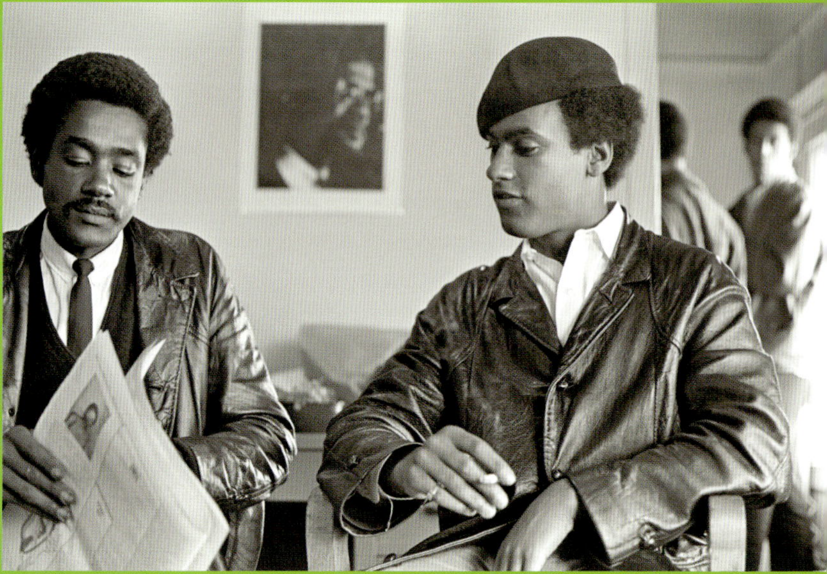

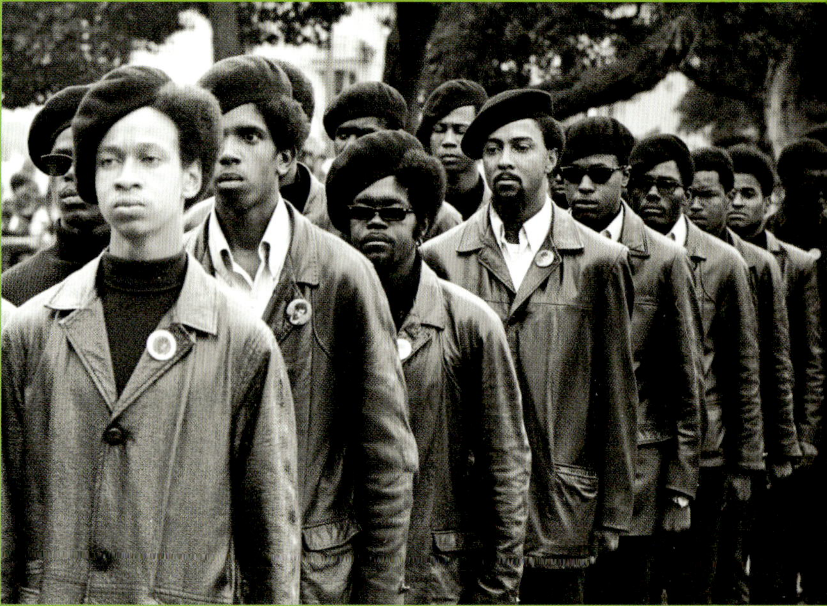

第4章 キング牧師と公民権運動

ブラック・パンサー党

ブラック・パンサー党は，10項目からなる次のような綱領を定めた。

1. われわれは，真実の歴史と，こんにちの社会におけるわれわれの役割を教える教育を望む。
2. われわれは，黒人と抑圧された人びとに対する無料の医療を望む。
3. われわれは，警察官による暴力と黒人殺害の即時終結を望む。
4. われわれは侵略戦争の即時終結を望む。
5. われわれは，われわれ国民の完全な雇用を望む。
6. われわれは，資本家による黒人社会の搾取の終結を望む。
7. われわれは，人間が居住するにふさわしい，しかるべき住居を望む。(略)
9. われわれは，市，郡，州，連邦，軍の刑務所に収監されているすべての黒人の解放を望む。われわれは，いわゆる犯罪を犯したすべての黒人が，同じ階層出身の陪審員による裁判を受けられることを望む。(略)

〔左頁上〕ブラック・パンサー党の創始者ヒューイ・ニュートンとボビー・シール
〔左頁下〕行進するブラック・パンサー党の党員
〔右頁〕デモでブラックパワー・サリュートを行なう参加者

左派寄りになったキングとその暗殺

　キングは北部のゲットー(黒人居住地区)での悲惨な状況を改善しようとしたが，うまくいかなかった。彼はモンゴメリー・バス・ボイコット以来の一番の同志であるアバナシーと共にシカゴへ行ったものの，そこでの暴力のあまりの激しさに衝撃を受けた。それは南部よりもひどかった。結局のところ，彼らは南部の中流階級の人間だったため，北部のゲットーの貧困に慣れることができなかったのである。ふたりは人種差別主義者のデイリー市長と，あまりにも穏健派のキングが自分たちを裏切ったと思いこんでいる急進的な若い黒人の両方と，戦わなければならなかった。

　1966年の末，キングは状況を改善できないままシカゴを去った。彼はシカゴに滞在したことで，アメリカの不平等を考える際に社会階級も考慮に入れなければならないことをはっきりと悟った。事実，1967年と68年に彼が行なった演説の内容は，左派寄りになっている。キングは資本主義の害を告発し，アメリカは社会民主主義の方向へ進むべきだと考えるようになった。

　共産主義とは一線を画していたが，キングは民主党でも左派の立場から考えをのべるようになり，しだいに政治指導者たちとも距離を置くようになった。亡くなるちょうど1年前の1967年4月4日，キングはアメリカが「植民地のようにベトナムを支配」していると非難し，連邦政府を「世界で最大の暴力の推進者」とよんだ。そのためそれまで彼を支持していたジャーナリズムも，彼を激しく批判するようになった。

　キングは1968年に，貧困に対するより積極的な政策を求めるため，国中の恵まれない人びとをワシントンへ向かわせる「貧者の行進(キャンペーン)」を計画した。しかし公民権運動の仲間た

ちは,彼と行動を共にしなかった。彼らは,キングの要求が実現しそうもなく,保守派の反動を引きおこす可能性があると考えたのである。このような微妙な状況のなかで,1968年4月4日,キングはテネシー州のメンフィスで暗殺された。

黒人と自尊心

ゲットーの暴動や,ブラック・パンサー党をはじめとする急進的な黒人運動によって,南部の黒人問題が北部や西部の問題となり,それまで法律や政治の分野にかぎられていた

〔左頁上〕人種分離が撤廃された小学校に通う子どもたちにつきそうキングとジョーン・バエズ——1960年代初頭から,俳優のチャールトン・ヘストン,マーロン・ブランド,バート・ランカスター,歌手のボブ・ディラン,ジョーン・バエズ(左頁)など,白人の著名人がキングの活動に賛同しはじめた。また1967年以降,急進的な学生,知識人,黒人活動家,女性解放運動家といった人びとは,ベトナムでのアメリカの帝国主義的姿勢を,人種や社会の抑圧と結びつけるようになった。

〔右頁上〕「貧者の行進」のバッジ——1968年にキングが計画したこの行進は,戦争に必要な費用によって社会福祉のための予算が削られていることを告発するためのものだった。

⇦キング暗殺直後の現場(1968年4月4日)——キングは,みすぼらしいモーテルの2階のバルコニーで暗殺された。この写真では彼の支持者たちが,狙撃された方向を警察に指し示している。キングは1時間後に病院で亡くなった。39歳だった。検死の結果,彼の心臓は13年間の戦いで疲弊し,60歳の人間のようだったことがわかった。

問題が，経済や社会の分野にまで広がった。

　それと同時に，黒人であることに誇りをもつことで，みずからのアイデンティティーを確立しようという動きが，1960年代末から見られるようになった。1968年に歌手のジェームス・ブラウンは，「セイ・イット・ラウド，アイム・ブラック・アンド・アイム・プラウド」（声を大にしていえ，私は黒人で，そのことに誇りをもっている）というタイトルの歌を歌った。

　それまでアメリカの黒人は，男性も含めて，ちぢれていないつやのある髪がよいという強迫観念にとらわれていた。しかし，そのような強迫観念は薄れ，ちぢれた髪をふんわりと際だたせたアフロヘアーと呼ばれる髪型が大流行するように

⇦女優パム・グリア
⇩映画『黒いジャガー』(1971年)で私立探偵を演じるリチャード・ラウンドトゥリー ──1960年代には，黒人俳優の先駆者といえるシドニー・ポワティエが出演する社会派映画（『夜の大捜査線』や『招かれざる客』）が制作されたが，1970年代になると，黒人俳優が出演し黒人の観客がそれを見て楽しむことができる娯楽映画（ブラックスプロイテーションというジャンルの映画）がつくられた。それらの多くはアクション映画で，都会の卑劣な雰囲気のなか，黒人の客引きや麻薬密売人が，買収された警察官や政治家を相手に戦うという内容のものである。パターン化された黒人の姿が描かれたこうした作品を，全米黒人地位向上協会（NAACP）は批判した。

第4章 キング牧師と公民権運動

⇦ジェームス・ブラウン——サウスカロライナ州の貧しい家に生まれたジェームス・ブラウン (1933～2006年) は, 16歳で服役していたとき, 最初のバンドをつくった。彼の音楽スタイルは, ゴスペルやブルースから, R&B, ファンクへと変化していった。

⇩ジェームス・ブラウンの33回転レコード『セイ・イット・ラウド, アイム・ブラック・アンド・アイム・プラウド』のジャケット——彼はどのコンサートでもこの歌を歌い, 観客も一緒に「アイム・ブラック・アンド・アイム・プラウド」とくりかえした。

なった。意識の高い黒人はアフリカの衣装を身につけた。ハーヴァード大学の黒人教授ヘンリー・ルイス・ゲイツは, 若者たちは生まれつきのちぢれた髪をうれしそうに見せびらかしながら, アフロ・コーラ（ソーダの一種）を飲んでいたと語っている。1960年代中ごろまで, アメリカの黒人をさすために「ニグロ」という言葉がよく使われたが, これ以降,「ブラック」という言葉が好んで使われるようになった。

113

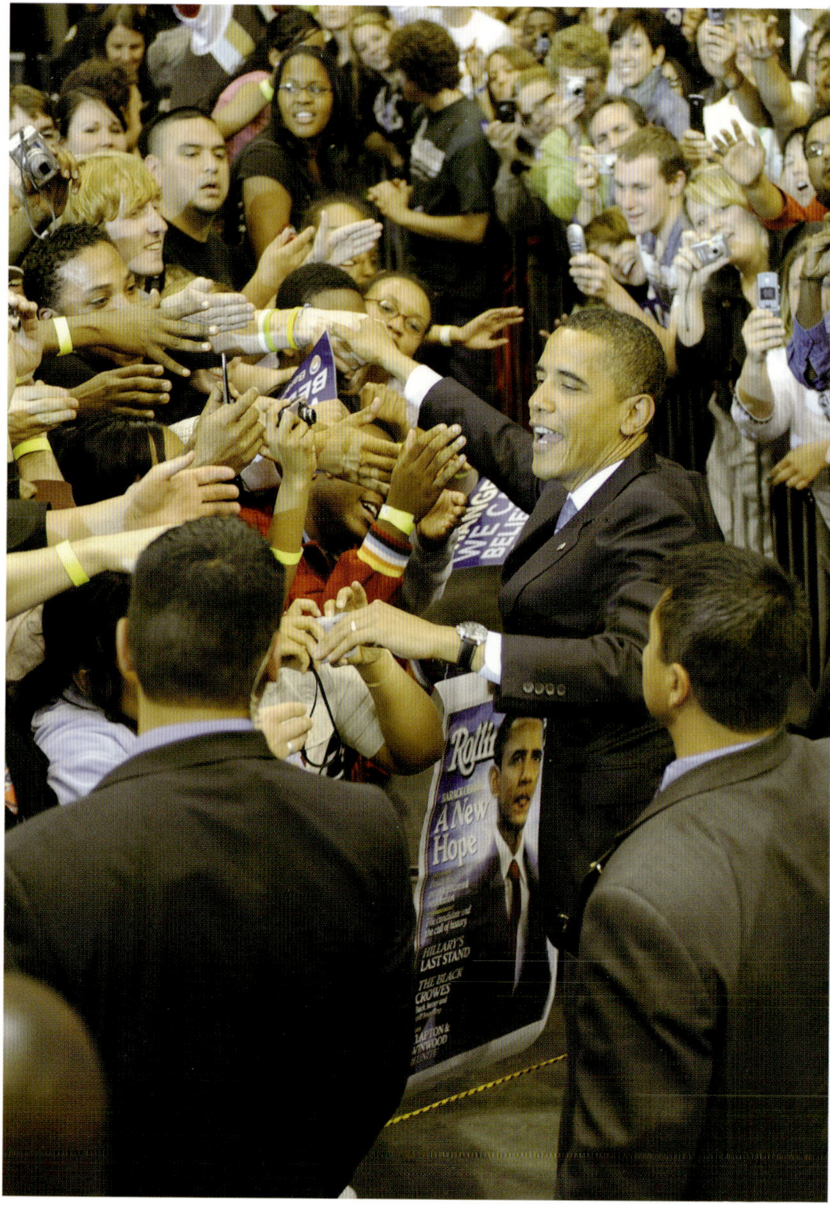
A New Hope
HILLARY'S LAST STAND
THE BLACK CROWES

❖公民権が獲得されたあと，アメリカの黒人の歴史は新しい段階に入った。1970年代には2260万人だったアメリカの黒人は，現在では4000万人となり，40年前には全人口の11パーセントだったのが，いまでは13パーセントをしめている。しかし人口が増えるにつれて，黒人のあいだの社会的・文化的格差も広がった。バラク・オバマが大統領に当選したことは，黒人が白人と平等の地位を獲得したことを意味する歴史的出来事だが，その一方で，依然として非常に貧しく，社会からとり残されている黒人たちも数多く存在する。

第 5 章

政治的権利と経済格差

〔左頁〕選挙集会でのバラク・オバマ候補（2008年6月）——激しい選挙戦の末，2008年にバラク・オバマが大統領に選ばれるまで，黒人の大統領が誕生することなど想像もつかなかった。高い教育を受けた多くの黒人と同じく，彼は1965年以降に進められた積極的差別是正措置(アファーマティヴ・アクション)の恩恵を受けている。

⇨積極的差別是正措置(アファーマティヴ・アクション)に関するポスター

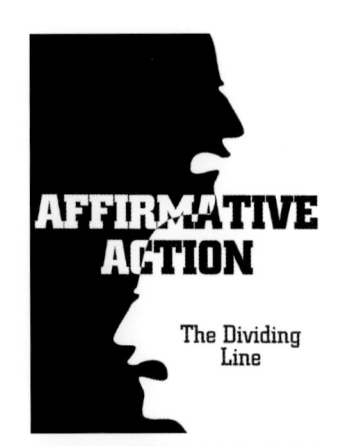

政界への進出

1960年代中ごろは、黒人の政治家はまだ非常に少なかった。連邦下院にわずか6人の議員がいただけで、大都市の市長はいなかった。しかし1967年に重要な転機が訪れる。インディアナ州のゲアリー市やオハイオ州のクリーヴランド市など、いくつもの大都市で黒人市長が誕生したのである。

クリーヴランドでは、民主党のカール・ストークスがわずかの差で勝利を収めたが、その勝因は前代未聞の数の黒人票と、白人の女性票を集めたことだった。白人女性は、候補者に黒人がいる場合、白人男性の候補者よりも黒人の候補者に投票する傾向が強かった。

さらにニューヨーク郊外のニューアーク、カリフォルニア州のロサンゼルス、ルイジアナ州のニューオーリンズ、ミシガン州のデトロイトでも、黒人が市長に選ばれた。ロサンゼルスでは、1973年から93年まで、黒人のトム・ブラッドリーが市長をつとめている。

連邦議会では下院で17人(そのうち4人が女性)の黒人議員が誕生した。上院では共和党のエドワード・ブルック(在任1967〜79年)が南北戦争後の「南部再建時代」以降、はじめての黒人議員として選ばれた。彼のあと、黒人で上院議員になったのは、キャロル・モスリー・ブラウン(在任1992〜98年)とバラク・オバマ(在任2004〜08年)のふたりだけである。

同じころ、民主党内で黒人の影響力が強くなり、黒人の党員が重要なポストにつくことを要求したり、大統領選挙の候補者を指名する全国党大会の代議員になることを望むようになった。民主党の有権者の20パーセントを黒人がしめるようになると、彼らはただ選挙で一票を投じるだけでは満足でき

⇩前最高裁判所長官アール・ウォーレンの前で宣誓する、ロサンゼルス市長トム・ブラッドリー(1973年)

〔右頁上〕向かって左から、住宅都市開発長官ロバート・ウィーヴァー、クリーヴランド市長カール・ストークス、ワシントンD.C.市長ウォルター・E・ワシントン、ゲアリー市長リチャード・ハッチャー(1967年12月)——1960年代に選挙人名簿に登録できるようになると、黒人は南部だけでなく北部の選挙結果にも大きな影響をあたえることができるようになった。1960年の大統領選挙で、ジョン・F・ケネディはわずかの差でリチャード・ニクソンに勝ったが、それはシカゴで黒人有権者が彼に票を投じた結果、イリノイ州で勝利を収めることができたからである。大都市では、黒人の市長も次々と誕生した。

ず，連邦議会の下院議員で構成される黒人問題調整部会（1969年設立）など，政策決定に影響力をあたえるための圧力団体をつくるようになった。

一方，行政府でも変化が起きた。1976年に大統領に当選したジミー・カーターは，黒人を重要なポストに任命した。住宅都市開発長官のパトリシア・ハリスや国連大使アンドリュー・ヤングがその代表例だが，そのほかにもさまざまな部署のトップに黒人が起用された。1970年代中ごろにはまだ，本来の有権者数の6割以下の黒人しか選挙人名簿に登録されていなかったが，それでも黒人をとりまく政治状況は非常に改善されたといえる。しかし社会と経済の状況は，政治と同じようには改善されなかった。

⇩1970年の連邦議会のオフィスでのシャーリー・チゾム――チゾム（1924～2005年）は1968年に黒人女性初の連邦下院議員に選ばれた（ニューヨーク州選出）。彼女は1972年の大統領選挙で，民主党の候補者として予備選挙に出た結果，151票を獲得した。

黒人の中流階級と積極的差別是正措置(アファーマテイヴ・アクション)

1970年代以降,黒人の中流階級が台頭し,それまで白人だけにしか開かれていなかった分野に進出しはじめ,多くの黒人が身分の高い公務員や大企業の幹部になった。これは1965年以降に進められた積極的差別是正措置(アファーマテイヴ・アクション)によるところが大きい。

積極的差別是正措置とは,それまで法律上差別的な待遇を受けてきたマイノリティ集団(女性や黒人など)に対して行なわれる優遇措置のことである。具体的には,連邦機関や地方自治体での雇用,大学の入学者選考,公職選挙などで,マイノリティ集団に属する人に一定数を割りあてるという方法がとられた。

ところが,1978年に最高裁判所が一定数を割りあてる方法は憲法に違反するという判決をく

全国アメリカ革命児童協会が発行した,人種統合を目的とするスクールバスによる通学に賛成するバッジ——このシステムは,人種に関係なく通学校を割りふり,居住区から離れた場所の学校に通う生徒を,バスで送迎するというものだった。1971年に最高裁判所は,同システムは,憲法に違反しないという判決をくだした。ノースカロライナ州シャーロット市とその近郊でまずはじまり,ほかの都市に広がったが,マサチューセッツ州のボストンなど,激しい反対運動が起こった都市もある。1990年代に,このシステムはしだいになくなっていった。

だした。しかし選考の過程で判断材料のひとつとして、マイノリティ集団に属するという事実を考慮することは憲法に違反しないとしたため、以後、そのような形での優遇措置がとられるようになった。

このような積極的差別是正措置によって、黒人も有名大学へ進学できるようになり、結果として黒人の教育レベルもあがった。1960年には大学卒の黒人は3パーセント（白人は8パーセント）にすぎなかったが、1980年には8パーセントに、2008年には13パーセント（白人は23パーセント）になった。宇宙開発など、非常に特殊な分野で活躍する黒人も登場した。1983年には空軍パイロットのグィオン・ブリュフォードが黒人初の宇宙飛行士に、1991年には医学博士のメイ・ジェミソンが黒人女性初の宇宙飛行士になっている。

「ハイパーゲットー」の誕生

一方、社会の底辺で暮らしている黒人たちの見通しは暗い。1970年代に経済的自立をはたして生活状況を改善した中流階級の黒人と、さまざまな要因によって生活が不安定になった貧困層の黒人（1976年には貧困水準以下の極貧生活を送る黒人が全体の31パーセントにのぼった）の格差は、しだいに広がっていった。

まず、以前は町の中心にあった工場が、都市から離れた交通の不便な土地へ移転したことで、非熟練労働者の職が急激に減った。そのため、学歴のない若い黒人やヒスパニック（スペイン語を日常語とするラテンアメリカ系の住民）は、

⇩黒人女性初の宇宙飛行士メイ・ジェミソン〔左頁上〕2005年のハーヴァード大学の卒業生——1978年に最高裁判所は、大学の入学者選考で一定数のマイノリティ枠を設けることは憲法に違反するという判決をくだした。しかし、選考の過程で判断材料のひとつとして、マイノリティ集団に属するという事実を考慮する形のアファーマティヴ・アクション積極的差別是正措置ならば、憲法に違反しないとした。その結果、多くの黒人が、そのような措置によって教育を受けたり、社会的に高い地位につくことができるようになった。

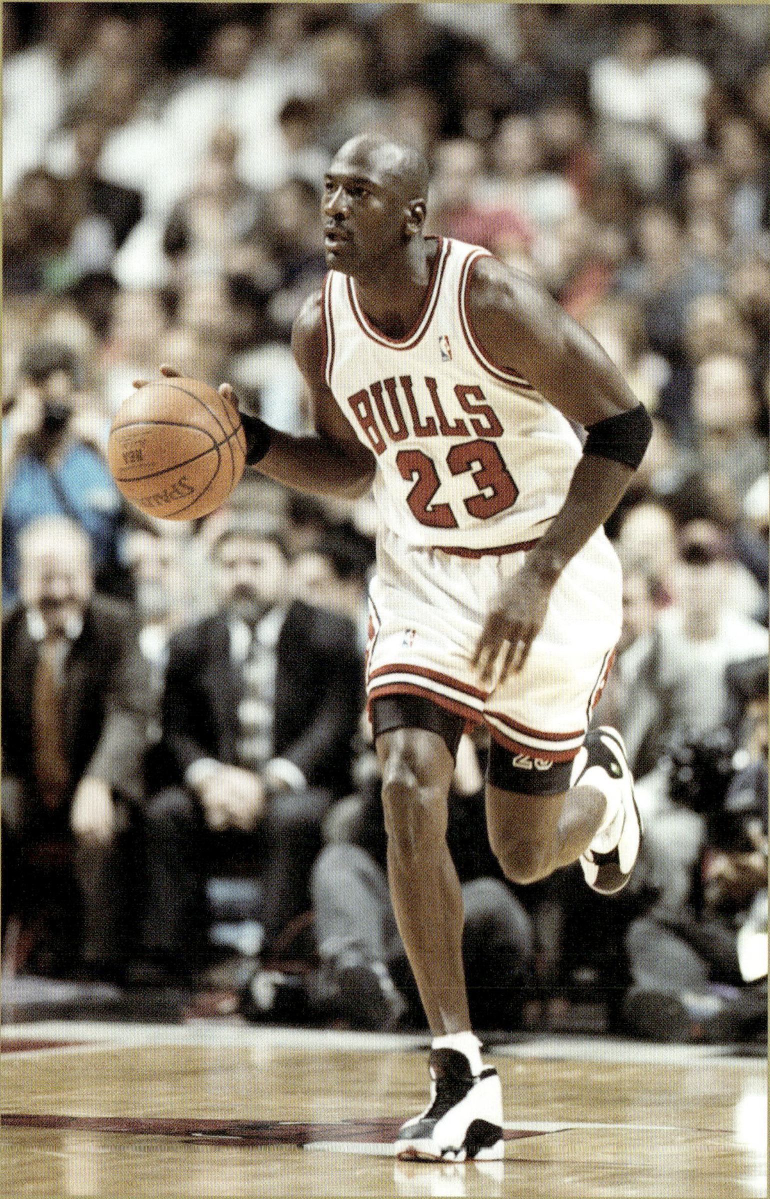
BULLS
23

第5章 政治的権利と経済格差

黒人のセレブたち

　1970年代には，スポーツやショービジネスの世界で黒人の姿が多く見られるようになった。人気の高いバスケットボールやアメリカンフットボールの選手は，現在ではその4分の3が黒人である。

　左頁は，マイケル・ジョーダン。

　右頁上は，有名なトーク番組の司会者オプラ・ウィンフリー。

　右頁下は，2002年にそろってアカデミー賞の主演男優賞と女優賞を受賞したデンゼル・ワシントン（左）とハル・ベリー（右）。

121

都市で働くことができず，失業が急増し，違法行為や犯罪行為が広がった。とくに1970年代以降，麻薬取引が非常に大規模に行なわれるようになった。

また，中流階級の人びとが高級住宅地へ引っ越したことで，貧しい人びとがゲットーで孤立するようになった。中流階級の人びとがゲットーにいるうちは，学校，教会，商店など，生活に必要なさまざまな施設が存在していた。しかし定収入のある住民がいなくなれば，当然のことながらそれらの施設も姿を消し，貧しい人びとは日常生活に支障をきたすようになった。

貧しい家庭の子どもたちにとって，きちんとした仕事で一定の収入を得ている大人と接することは，教育上，非常にプラスになることだったが，そのような利点もなくなった。職人たちも，以前は人づてで仕事をもらうことができたが，1970年代以降は人脈を失ったことで，客を見つけることが難しくなった。

さらに母子家庭が急激に増えたことで，経済的なゆきづま

〔左頁下〕ニュージャージー州の貧困家庭（1987年）――1970年代のゲットーでは，一族の助けあい，社会扶助，違法行為（麻薬取引，売春，窃盗，詐欺など）によって，人びとは生活していた。麻薬取引は暴力を激化させ，家庭を崩壊し，合法的な労働を行なう意欲を失わせた。さらに1980年代以降にはエイズが流行し，ゲットーの衛生状態は非常に悪化した。

老朽化し，生徒数が多すぎ，人種分離されていたゲットーの公立学校は，もともと財政難に苦しんでいた市の予算の制約を受け，悲惨な状態だった。学校に通っていない生徒の割合は高く，子どもたちはたいてい放任されていた。

▷ ブロンクス（ニューヨーク）の子どもたち（1971年夏）――ブロンクスでは，ラップミュージック，グラフィティ（スプレーなどを使って壁面に絵を描く行為），ブレイクダンスなどからなる独自のヒップホップ文化が生まれ，一部の若い黒人やヒスパニックの生活様式となった。ニューヨーク出身のパブリック・エナミーなど，いくつかのラップ・グループは，社会や政治に対する怒りのメッセージを積極的に表現した。

りがひどくなっていった。1940年には黒人家庭の13パーセントが母子家庭だったが，その割合は1970年には28パーセント，1983年には42パーセント，現在では70パーセント（ちなみに白人家庭では35パーセントである）に達している。

これには，たしかに経済状況が関連している。若い黒人男性の失業率はきわめて高く，一家の生計を立てることができないため，彼らは結婚に対して非常に消極的である。しかも若い独身の黒人男性は，そもそも数が非常に少ない。死亡率が高い上に，20歳から34歳の黒人男性の10人にひとりが投獄されているからである（白人男性は100人にひとりの割合）。

社会学者のなかには，激しい人種差別と大きな社会不安によってつくりあげられたこのような現代のゲットーを，「ハイパーゲットー」とよぶ人もいる。

保守的傾向が強まった1980年代

1980年代に共和党のロナルド・レーガンが大統領になると、保守的傾向が強まった。レーガンは大統領選挙運動中に、社会福祉によって裕福な生活を送っていると黒人を暗に非難した。また大統領就任後は、合衆国公民権委員会など、人種差別と戦うための組織のトップに非常に保守的な人物を置き、前大統領のジミー・カーターが任命した黒人の高官たちを無視した。

その一方で、彼は1983年11月2日に、マーティン・ルーサー・キングの誕生日を国の祝日（1月の第3月曜日）にするという、連邦議会によって可決された法案に署名している。とはいえ、経済的不平等が拡大し、政府が貧しい人びとへの十分な援助対策を行なわなかった1980年代は、黒人にとって失望の時代で、彼らの大半は、レーガンや彼の後継者となったジョージ・ブッシュ（父）は自分たちに冷淡だと考えていた。

しかし、大都市の状況は異なっていた。黒人の影響力は依然として強く、1983年にはシカゴで、ハロルド・ワシントンが初の黒人市長に就任した。シカゴは長いあいだ政治的に腐敗していた都市で、就任第一期目、ワシントンは彼に敵意をもつ一部の民主党市議会議員と戦わなければならなかった。彼は人気が高く、1987年に再選されたが、その後まもなく心臓発作で亡くなり、シカゴの黒人住民は悲嘆に暮れた。

とはいえ、黒人市長の存在は、良い面ばかりではなかった。大企業や白人の中流階級は黒人の市長を嫌い、町の中心地を離れて郊外へ移転したため、町は貧困化した。その結果、市には町に住みつづけている貧困層のために、有効な援助を

⇩ジェシー・ジャクソン——彼は1980年代の2度の大統領選挙で、民主党の予備選挙に出ている。1941年に人種分離の厳しかったサウスカロライナ州で生まれた彼は、早い段階で学問の道を捨て、活動家になった。キングがテネシー州のメンフィスで暗殺されたとき、ジャクソンは現場のモーテルにいた。

彼は熱心で精力的な活動家で、カリスマ的な演説家だったが、計画性に欠けていた。1984年の予備選挙では2州、1988年には7州で勝利し、黒人票の92パーセントを獲得したが、白人票はわずか17パーセントだったため、対立候補のウォルター・モンデールやマイケル・デュカキスに勝つことができなかった。マイノリティの票を集めようとしたジャクソンの戦略は成功したが、それだけでは目標に到達できなかったのである。

第5章 政治的権利と経済格差

行なうだけの収入がなくなってしまった。

　1992年にロサンゼルスでおきた暴動は、ゲットーの住民がかかえている社会的・経済的問題と、それらをねばり強く改善しようと努力している大都市の市長（たとえその市長が黒人であったとしても）の無力さを、あらためてはっきりと示す結果となった。

　ロサンゼルス暴動のきっかけとなったロドニー・キング事件で、黒人、とくに貧しい黒人が日ごろからいだいていた不満が具体的な形で表面化した。1991年3月、ロドニー・キングという黒人男性がスピード違反容疑でロサンゼルス市警察に逮捕され、暴行を受けた。この種の事件はよくあることで、警察官が刑事責任を問われることはめったになかった。しかし、

⇧シカゴ市長に選ばれたハロルド・ワシントン（1983年）

↗映画『リトル・セネガル』（2001年）のポスター——1980年代と90年代には、アメリカの黒人は多様になった。カリブ海やアフリカ大陸の国々から、独裁政治や貧困が原因で、多くの黒人が移住したためである。1990年以降、毎年5万人が、アフリカ大陸から合法的にアメリカに移住しており、現在ニューヨークでは、黒人の3人にひとりが外国生まれである。

　ハーレムには「リトル・セネガル」とよばれるセネガル人地区があり、ブルックリンやブロンクスにも、アフリカ人の多い地区が存在する。

このときはたまたま近くの住民が暴行現場をビデオに撮っていた。そのビデオがテレビで放映され，事件が全国に知れわたった。

　ジャーナリズムの大半が，ロサンゼルス市警本部長の辞任と，事件の当事者である4人の警察官を処罰するよう主張し，世論もそれに同調した。4人の警察官は裁判にかけられたが，1992年4月に，彼らを全員無罪とする評決がくだされた。

　この評決は，当然のことながら黒人たちを激怒させた。彼らは手のつけられない暴徒と化し，ロサンゼルスの町を手あたりしだいに襲撃した。激しい暴動が4日間つづき，その結果，38人が死亡し，4000人が逮捕され，3700軒の建物が放火され，5億ドル以上の被害が出た。

⇧⇧1992年4月のロサンゼルス暴動時の火災
⇧暴行を受けるロドニー・キングの様子を撮影したビデオ──1991年3月に起きたロドニー・キング事件で，都市部のゲットーの状況，とくに住民と警察との関係は依然として改善されていないことが，あらためてあきらかになった。

ふたたび民主党政権へ

　1992年11月に民主党のビル・クリントンが大統領に選ばれると、黒人社会は安堵した。それは12年間つづいた共和党政権が終わったから、というだけの理由ではなかった（ちなみに下院に39人の黒人議員がいた連邦議会でも、民主党は多数党だった）。クリントンは閣僚に4人の黒人を起用し、そのほか政府の重要なポストにも多くの黒人を任命した。

　作家のトニ・モリスンは、クリントンを「最初の黒人大統領」とまでいっている。事実、クリントン大統領は南部出身で、あきらかに黒人と黒人文化に共感をいだいていた。彼はジャズ好きで知られ、みずからサックスも演奏する。

　しかし、クリントンはレーガン政権からつづいていた問題を根本的に解決しようとはしなかった。とくに彼が、民主党の伝統的な福祉政策である弱者救済路線を変更した影響は大きかった。その結果、1996年8月に、1935年に制定された社会保障法にもとづく社会保障制度が完全に終了した。黒人社会で非常に多く見られるシングルマザーは、この制度を頼りにしていたため、とくに大きな打撃を受けることになった。

⇩福祉改革法に署名するクリントン大統領（1996年8月）——クリントン政権は、貧困層にも経済的自立を求める新しい福祉改革法案に署名した。それにより、以前の要扶養児童家族扶助（AFDC）が廃止され、かわって貧困家庭一時扶助（TANF）が行なわれることになった。AFDCでは連邦政府から各州へ支給される補助金には上限がなかったが、TANFでは一定の金額しか支給されなくなった。受給期間は5年と定められ、受給者はそのあいだに仕事を探すことが義務づけられた。

　しかし、仕事を見つけて受給対象からはずれても、25〜40パーセントの女性が1年以内に、70パーセントの女性が5年以内に仕事をやめてしまうのが現状である。

あからさまな冷淡さ

　2001年に大統領になった共和党のジョージ・ブッシュ（子）は，政府の役職に黒人をあまり起用しなかったが，奇妙なことにもっとも重要なポストに，ふたりの黒人を任命した。そのひとりは，元統合参謀本部議長（アメリカ軍を統率する軍人のトップ）のコリン・パウエルで，彼は国務長官になった。もうひとりは国家安全保障問題担当・大統領補佐官に就任したコンドリーザ・ライスである。彼女はパウエルが辞任したあと，2005年に国務長官になった。

　しかしブッシュは黒人全体に対しては，とても好意的とはいえない政策をとった。減税は富裕層に利益をもたらすだけで，アフガニスタン戦争やイラク戦争にともなう莫大な出費があったこともあり，政府の財政は貧困層に援助ができるような状態ではなかった。

　2005年9月に，超大型のハリケーン（ハリケーン・カトリーナ）がアメリカ南東部を襲ったとき，黒人に対するブッシュ

⇧ブッシュ政権のふたりの黒人国務長官──コリン・パウエル（中央）は，1937年にニューヨークで，ジャマイカ出身の両親のもとに生まれた。大学卒業後陸軍に入隊し，黒人ではじめて，アメリカ軍のトップである統合参謀本部議長をつとめた。その後，ブッシュ大統領によって，国務長官に任命されが，2008年，彼は民主党のバラク・オバマへの支持を表明した。

　コンドリーザ・ライス（左）は，1945年にバーミングハムで生まれた。スタンフォード大学教授をへて，ブッシュ政権下で，国家安全保障問題担当大統領補佐官と国務長官を歴任した。

の冷淡な態度が,誰の目にもあきらかになった。ルイジアナ州のニューオーリンズは水没し,何千人もの住民(その大半は貧しい黒人だった)が食料も水もない悲惨な状況で放置されたにもかかわらず,連邦政府は対応が遅れた上に適切な措置もとらなかった。大統領は,ただ専用機で被災地を上空から視察しただけだった。

　このような事情から,多くの黒人が,2006年の中間選挙(4年ごとの大統領選挙の中間の時期に行われる連邦議会選挙)と2008年の大統領選挙で,共和党の候補者に投票することを拒んだのは当然だったといえる。

■ バラク・オバマ:彼は黒人版ルーズヴェルトなのか?

　2008年には,ケニア出身の父をもつ黒人のバラク・オバマが大統領に選ばれるという歴史的な出来事が起きた。

　民主党の予備選挙で,オバマはビル・クリントン元大統領の妻ヒラリー・クリントンを相手に戦わなければならなかった。

⇩避難所へ向かうニューオーリンズの住民(2005年)——少なくとも1800人が死亡したハリケーン・カトリーナによる大災害は,ニューオーリンズの貧しい住民(その大半は黒人)が,社会的にも政治的にも見捨てられていることを,はっきりと示す結果になった。市当局は,住民を避難させる際の手際の悪さを,連邦政府は,事態の深刻さを認識していなかったことを非難された。市外に強制的に転出させられた一部の黒人は,いまだに町に戻っていない。

しかし、多額の選挙資金と多くのスタッフの力によって、彼は予備選挙に勝利し、民主党の大統領候補に選ばれた。彼はインターネットでスタッフを募集し、味方の陣営が全国を網羅するよう、彼らを組織的に配置した。

民主党支持者の心をつかんだのは、おそらくオバマが示した政策よりも、彼のカリスマ的な個性だったといわれる。彼は非常に統制のとれたやり方で選挙運動を展開したが、同時にそれはアメリカ大統領選挙史上、もっとも費用がかかる選挙運動でもあった。11月4日、共和党の大統領候補ジョン・マケインに、彼は大差で勝利した（獲得選挙人数は、オバマが365人、マケインが173人）。ヴァージニア州など、歴史的に共和党支持者が圧倒的に多い州でも、オバマは勝利を収めた。

大統領選挙期間中に金融危機が起きたことは、オバマにとってあきらかに有利に作用した。それまで彼が黒人だという理由でためらっていた穏健派の白人有権者の一部を、味方につけることができたからである。オバマは、政府は経済に介入して貧しい人びとへの十分な援助対策をすべきだと主張し、共和党の政権ではそれができないと主張した。

彼は自分が黒人であることを前面には出さず、貧しい黒人に対する政策もはっきりとは示さなかった。それよりも、彼は黒人と白人の和解をめざす立場を強調した。オバマに投票した黒人の数は、95パーセント近くにのぼった。

⇩大統領選挙でのオバマの勝利を告げる「ニューヨーク・タイムズ」の見出し

〔右頁上〕勝利した夜のオバマとその家族

〔132頁〕オバマ大統領就任式に集まった人びと——オバマの演説スタイルは、黒人の伝統的な演説スタイルとは異なっている。彼は控えめで落ちついた口調で語りかけ、劇的な効果を狙おうとはしない。歴史的に黒人の演説スタイルは、バプテスト派の牧師の説教からとりいれられたもので、表現力が豊かで隠喩に富んでいる。

黒人教会では、感情を出すことが求められ、歓迎される。それは、神に近づくための方法だからである。恍惚状態に陥ることさえ、神とつながったしるしとみなされる。その代表がマーティン・ルーサー・キングで、彼は思いつくまま聖書を引用し、即興で演説した。

IN DECISIVE VICTORY

アメリカの黒人はその大半が，公民権運動以来，半世紀にわたって実現されてきたさまざまな進歩に満足し，政治，文化，スポーツの分野で活躍する仲間を誇らしく思っている。その一方で，彼らは自分の社会的地位や子どもたちの将来に不安をいだき，社会的地位向上という希望が幻想にすぎないことを恐れている。そういうわけで，彼らはオバマがたんなる象徴的人物で終わるのではなく，偉大な改革者としての大統領，いってみれば黒人版ルーズヴェルトになることを期待しているのである。

「私の父はケニア出身の黒人で，母はカンザス州出身の白人です。私は母方の白人の祖父母に育てられました。祖父は大恐慌を経験し，第2次世界大戦中はパットン将軍の部隊にいました。祖母は，祖父が戦地にいたとき，（略）爆撃機工場で働いていました。私はアメリカでもっともすぐれた学校で教育を受け，世界でもっとも貧しい国のひとつに住んだこともあります。私の妻は，奴隷と奴隷所有者の血を引いています。こうしたわれわれの遺産は，ふたりの娘たちにも引きつがれています。私の兄弟，姉妹，姪，甥，おじ，いとこは3大陸に散らばっていて，さまざまな人種でありとあらゆる皮膚の色をしています。しかし，アメリカ以外のどの国でも，私のような人生を送ることはできなかっただろうということを，私は一生忘れないでしょう。私の人生は，私を型にはまった候補者にしなかっただけではありません。この国はたんに部分の集合体ではないという理念を，私の遺伝子のなかに刻みこんだのです」

バラク・オバマ

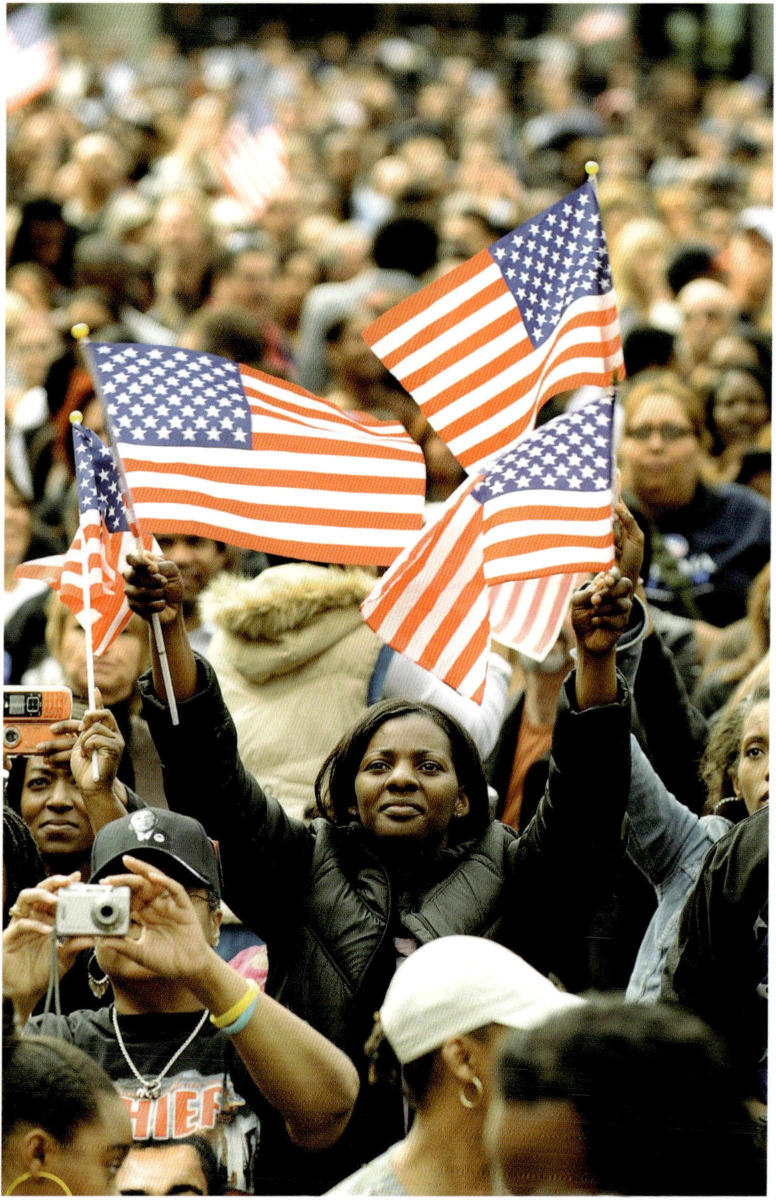
HIEF

資料篇
自由と平等への長い道のり

⇧「シカゴ・ディフェンダー」紙を売り歩く黒人少年 (シカゴ 1942年)

1 法的権利の推移

1865年から1965年にかけての100年のあいだに、アメリカ合衆国憲法の修正条項やアメリカ合衆国最高裁判所の判決、連邦議会が制定した法律などによってアメリカの黒人の法的地位が定められていった。まず、奴隷制度が廃止され、法のもとの平等の権利があたえられたが、やがて南部の白人層からの反撃がはじまり、人種分離が合法化されるようになった。その後、1954年から1965年にかけての公民権運動のなかで、ようやく人種分離が憲法違反とされ、黒人の完全な市民権が認められることになった。

憲法修正第13条

南北戦争後の1865年12月6日に可決されたこの修正条項によって、奴隷制度の禁止が憲法に明示された。

奴隷は、犯罪に対する刑罰として正式に有罪の宣告を受けた場合をのぞき、合衆国およびその管轄に属するいかなる地域にも存在してはならない。

憲法修正第14条

1868年7月9日に可決されたこの修正条項は、以前奴隷だった人びとに市民権をあたえることを目的としていた。

合衆国で出生したものはすべて、合衆国の市民である。州は、正当な法的手続きによらずに、合衆国市民の生命、自由、財産を奪ってはならない。また、すべてのものに対して、法による平等な保護を拒んではならない。大統領の選挙人の選任、連邦下院議員の選挙に際し、21歳に達した男性市民に対して投票の権利を拒む州は、その州より選出される下院議員の数が、その男性市民の数がその州の21歳以上の男性市民の総数にしめる割合に応じて減少される。反乱に加担したものは、合衆国政府の官職につくことができない。合衆国に対する反乱を援助するために生じた州の負債は無効で、奴隷解放を理由とす

るいかなる補償も請求することはできない。

憲法修正第15条

1870年2月3日に可決されたこの修正条項は、黒人から投票権を奪うことを南部州に禁じるためのものだった。

投票権は、人種や過去に従前の労役だったことを理由として、拒否または制限されてはならない。

「プレッシー対ファーグソン裁判」の判決

1896年に最高裁判所がくだしたこの判決によって、すでに南部で広く行なわれていた人種分離が、白人と黒人が平等の状態に置かれているかぎり合法であるとされるようになった。

憲法修正第14条の目的は、両人種の法のもとの平等を保障したものであることは疑いない。しかし、肌の色を基準とする区別を完全に禁止し、政治的平等とは異なる社会的平等や両人種間の混合を強制することまでは意図していない。両人種が接触する可能性のある場所での分離を命じる法律は、黒人が白人に劣ることを意味しているのではなく、警察権の行使に関する州の立法権の権限に属するものとして、広く認められてきた。（略）

原告は、人種分離は黒人が白人よりも劣っていることを示すものだと主張している。もしそうであるならば、それは法律がそう定めているからではなく、黒人側がそう解釈しているからという理由でしかない。また原告は、法律だけが社会的偏見をなくすことができ、両人種を強制的に統合しなければ、黒人にとっての平等の権利を獲得することができないと主張している。このような主張を認めることは不可能である。もし両人種が社会的にも平等でなければならないとしたら、それは両者が相手の価値をたがいに理解しあい、個人どうしが自発的に同意した結果、もたらされるものである。社会の一般的な感情に逆らう法律を定めても、これらの目的を達成させることはできない。

「ブラウン対トピカ市教育委員会裁判」の判決

1954年5月17日にくだされたこの判決で、最高裁判所は「プレッシー対ファーグソン裁判」の判決をくつがえし、公立学校での人種分離が憲法違反であることを宣言した。

公立学校で、人種だけを理由に、白人の子どもと黒人の子どもを分離すること、そして当該の州法がこのような人種分離を許可、あるいは強制していることは、たとえ白人のための学校と黒人のための学校の設備やそのほかの要素が平等であって

も，憲法修正第14条によって保障された法のもとの平等の保護を黒人の子どもから奪うことになる。

1964年の公民権法（第2章）

10年にわたる公民権運動の末に可決されたこの法律によって，公共の場所での人種分離や差別がいかなる形においても禁じられることになった。

すべての人が，人種，肌の色，宗教，出身国を理由に，差別や分離されることなく，公共の場所で，その利益，サービス，設備，特権を，完全に平等に享受する権利をもっている。（略）この場合の公共の場所とは，公衆を対象とするすべての商業施設で，差別や分離には，州の慣習によるものも含まれる。

1965年の投票権法

憲法修正第15条に関連するこの法律によって，黒人から投票権を奪うために用いられたさまざまな法的手段が禁じられることになった。

第2条

州や地方自治体は，合衆国市民の投票権を拒否したり制限するために，人種や肌の色を理由として，投票に関するどのような制限や条件も，実施あるいは手続き上のどのような基準も，課したり適用したりしてはならない。

第4条a

合衆国市民の投票権を保障するために，人種や肌の色を理由として，どの市民も，各州の基準や手続きに合致していないからといって，連邦，州，市町村の選挙で投票する権利を拒否されてはならない。

②指導者たちの思想

アメリカの黒人の主要な指導者たちは、不正義と戦うためにそれぞれ違った方法を選んだ。ときに異なる意見をめぐって激しく争うこともあった。最初の対立は人種分離が合法化された時代、ブッカー・T・ワシントンとW・E・B・デュボイスのあいだで起きた。それから半世紀後、マーティン・ルーサー・キングとマルコムXが正反対の立場から公民権運動を推し進めた。さらにそれから40年後、大統領に就任したバラク・オバマは、これまでの対立を乗りこえ、21世紀のアメリカにふさわしい独創的な考えを示した。

■妥協という解決法

1895年9月18日、ブッカー・T・ワシントンはアトランタ博覧会で演説を行なった。南部の人種差別主義者と妥協する道を選んだ彼は、黒人は白人のそばでつつましく働き、社会的平等という妄想を捨てなければならないと主張した。この演説のなかで、彼は人種分離を問題としてとりあげなかった。

　南部の人口の3分の1は黒人です。この地域の物質的、公共的あるいは道義的な充足を求めるいかなる事業も、われわれの人口がしめるこの割合を無視しては、望みどおりの成功に到達できないでありましょう。会長、そして理事のみなさま。私は私が属する人種の一般的な感情についてお話ししたいと思います。このすばらしい博覧会でさまざまな準備にあたられた委員の方々以上に、アメリカの黒人の価値や人間性を、適切に、そして寛大に認めてくださったことはありません。この認識は、われわれが自由を獲得したときからいままでに起きたすべての出来事以上に、よりいっそうふたつの人種の友好関係を強固にすることになるでしょう。

　それだけではありません。ここであたえられる機会によって、われわれは新しい産業的進歩の時代に入ることができるのです。われわれは無知で経験不足だったため、自由になった最初の数年間は、新しい

生活を土台からはじめるのではなく、頂上からはじめてしまいました。土地を手に入れ、技術を身につけるよりも、連邦議会や州議会での議席を求め、酪農や野菜栽培を行なうよりも、政治集会に参加することに魅力を感じたのです。(略)

奴隷の身分から自由へと大きく飛躍したわれわれが直面している最大の危機は、われわれの大半は自分の手でものをつくって生きていかなければならないという事実を軽視していること、平凡な労働を大切にし、日常の仕事に知恵や技術を注ぎ、表面的なものと本質的なもの、つまらない飾りと役に立つものを見わけることのできる能力に応じて、われわれは繁栄していくということを忘れている点なのです。いかなる人種であっても、畑を耕すことと詩を書くことがまったく同じように立派なことであるということが理解できなければ、繁栄することはできません。われわれは、自分たちの生活を頂上からではなく、土台からはじめる必要があります。われわれは、あたえられた機会を不満で曇らせてはならないのです。(略)

過去、われわれはあなたがたの子どもたちを育て、あなたがたの病気の両親の世話をし、多くの場合涙ながらに彼らを墓場まで見送っていくことで、あなたがたに忠誠心を示しました。同じように、外国人にはできない献身的な方法で、あなたがたを守るために、必要ならば命を捧げる覚悟で、われわれは今後もつつましくあなたがたのそばにいます。われわれの職業生活、消費生活、市民としての生活、そして宗教生活が、あなたがたのそれぞれの生活と緊密に結びつくことで、両人種の利益は一致するのです。社会生活のあらゆる側面で、われわれは人間の指のように分離していますが、たがいの進歩にとって重要なすべてのものは、ひとつの手のように結合しています。(略)

われわれのなかでも賢いものは、社会的平等の問題について騒ぎたてることがとてつもなく愚かであることを知っています。あらゆる恩恵を受けることになる進歩は、断固たるまじめな努力の結果でなければならず、人為的に無理やり押しつけるという方法によるものであってはなりません。市場に貢献できる人種は、そう長いこと排斥されたままでいることはないのです。法律があたえてくれるあらゆる特権をわれわれが手に入れることは重要で、正当なことです。しかし、それらの特権を行使するための準備を整えていることは、それ以上に重要なことなのです。今日、工場で1ドル稼ぐことができるのは、オペラハウスで1ドル使うことができるよりも、ずっと価値があります。

つまり、くりかえしになりますが、この30年間で、この博覧会があたえてくれる機会以上に、われわれに希望と勇気をもたらし、あなたがた白人にわれわれを近づけてくれたものはないのです。私は、30年前にほとんどなにもないところからたがい

に出発した，あなたがたとわれわれの人種の熱烈な努力の結果である祭壇の前にひざまずき，神が南部にあたえた途方もなく複雑な問題を解決しようとしているあなたがたが，たえずわれわれの人種に忍耐強く好意的な援助をしてくださることを望んでいます。

ブッカー・T・ワシントン
『アトランタ博覧会での演説』

「厄介者あつかいされるのは，どんな気持ちですか」

1903年に出版された『黒人の魂』のなかで，W・E・B・デュボイスは，アメリカの黒人のアイデンティティーに関する問題を真正面からとりあげた。そのなかで彼は，彼自身の経験にもとづく「二重のアイデンティティー」という有名な概念を示している。彼は同化をめざすブッカー・T・ワシントンのやり方に反対し，より直接的な行動に出ることを主張した。

私ともうひとつの世界のあいだには，口にされることのない問いが，たえず立ちはだかっている。ある人は思いやりのために，別の人は的確に表現できないために，その問いを口にしない。しかし，誰もがその問いのまわりでうろうろしている。彼らはおずおずと私に近づき，好奇心や同情を示しながら私を見つめる。それから，「厄介者あつかいされるのは，どんな気持ちですか」と率直に聞くかわりに，「私の町には，とても立派な黒人が住んでいます」とか，「私はメカニクスヴィルの戦い（南北戦争中の戦闘のひとつで，南軍が敗れた）に参加しました」とか，「南部の人種差別主義者の横暴に，はらわたが煮えくりかえっているのではないですか」などという。そのような言葉を聞いたとき，場合によって私はほほえんだり，興味をおぼえたり，怒りにうちふるえたりする。「厄介者あつかいされるのは，どんな気持ちですか」とはっきり聞かれたときは，たいていなにも答えない。

しかし，厄介者であるということは，奇妙な経験なのである。幼いころとヨーロッパにいた時期をのぞいて厄介者以外のなにものでもなかった人間にとって，異常な経験だともいえる。無邪気に楽しんでいた子ども時代の非常に早い時期に，私は突然，いわば一瞬のうちに，衝撃的な出来事に遭遇した。私は，黒い影におおわれたときのことをよく覚えている。

そのとき私はまだ子どもで，フサトニック川がフーサックとタグカニックのあいだを蛇行しながら海に注いでいるニューイングランドの山のなかに住んでいた。小さな木造の学校では，男の子も女の子も1箱10セントのきらびやかな名刺を買って交換する遊びに夢中になっていた。ところが，あるとき背の高い新入生の女の子が，私をちらっと見てから，私の名刺を受けとることを断固として拒否した。そのとき，私は

突然自分がほかの子どもたちとは違う、つまり、心や生活や希望はほかの子どもたちと同じでも、彼らの世界から巨大なヴェールでへだてられていることに気づいた。

その後、私はそのヴェールを引き裂こうとか、そのヴェールをくぐりぬけようとは少しも思わなかった。私はヴェールの向こう側にあるものをすべて軽蔑し、それより高いところにある、大きな影がきまぐれに行き来する青空の世界で生きていた。その空は、試験でクラスメートを打ち負かしたり、競走に勝ったり、つやのないブロンドの髪をした彼らの頭をやりこめたときに、さらに青くなった。ところが、年月と共に、このすばらしい軽蔑の念は色あせていった。なぜなら、私があこがれていた世界やまばゆいほどのチャンスは、彼らのもので、私のものではなかったからである。

でも、それらのすばらしいものを彼らの手にもたせておくものか、そのいくつかは、いや、すべてを、彼らの手から奪ってみせると私は思った。そのための方法については、まだはっきりと決めていなかった。法律を勉強するか、病人を治すか、頭のなかをめぐっている夢物語を語るか、方法はたいした問題ではなかった。ほかの黒人少年たちにとって、戦いはそれほど魅力的ではなかった。彼らは味気ない偽りのなかで青春をしぼませ、自分たちをとりまくさえない世界をひそかに憎み、白いものすべてを疑い、あざけっていた。(略)

牢獄の暗闇が、われわれのまわりをすっかりとりかこんでいた。壁は真っ白な人に対しても立ちはだかっていたが、夜の息子たちにとっては非情にも狭くて高く、乗りこえることは不可能だった。彼らはあきらめの境地で重い足を陰気に引きずりつづけ、手のひらでむなしく石を叩いたり、ほとんど希望ももたずに、頭上の青い一筋の線をじっと見つめつづけた。(略)

このアメリカ社会は、黒人に本当の自意識を少しもあたえず、それどころか、もうひとつの社会の啓示を通してしか自分を理解することを許してくれない。この二重意識、たえず他者の目によって自分を見るという感覚、軽蔑とあわれみの気持ちで見世物を見ているような社会の尺度で自分の魂を判断する感覚は、奇妙なものである。

黒人は誰もが、たえず二重のアイデンティティーを感じている。アメリカ人であることと、黒人であることである。ふたつの魂、ふたつの思想、ふたつの和解しがたい戦い、ひとつの黒い体のなかで戦っているふたつの理想。その体が引き裂かれるのを防いでいるのは、不屈の力だけなのである。

アメリカの黒人の歴史は、この戦いの歴史である。自意識をもった人間になりたいという渇望、二重のアイデンティティーをよりよい真実のただひとりの自分に統合しようとする熱意の歴史なのである。この統合の過程で、黒人は古い自分のどちらも失いたいとは思っていない。アメリカをアフリカ化したいとも思っていない。アメリ

カはあまりに多くのものをもっているので，世界やアフリカにそれらを認識させることはできないからだ。また，黒人の魂を白いアメリカ精神の波のなかで漂白しようともしないだろう。黒人の血のなかには，世界に対するメッセージが流れていることを知っているからだ。黒人はただ，仲間からののしられたり，つばを吐かれたり，自分の目の前で機会という名前の扉が荒々しく閉められたりすることなく，黒人であると同時にアメリカ人でありたいと望んでいるのである。

W・E・B・デュボイス
『黒人の魂』

なぜ待つことが非常に難しいのか

1963年4月16日，マーティン・ルーサー・キングは当時収監されていたバーミングハムの刑務所で，次のような手紙を書いた。彼は公民権を獲得するためには抗議運動が必要だと主張し，忍耐が大切だとさとす南部の穏健派の白人に対して，なぜ黒人は待つことができないのかについて説明している。

何年も前から，私は「待て！」という言葉を聞いてきました。この言葉は，黒人である私の耳にいつも突き刺すように響きます。「待て！」というのは，ほとんどつねに「だめ！」を意味してきました。

しかし，もしあなたたちの悪い暴徒によって自分の父親や母親が好きなようにリンチされ，自分の兄弟や姉妹がわけもなく水に溺れさせられるのを見たら，どうでしょうか。また，憎悪に満ちた警察官が，黒人の兄弟姉妹をののしり，殴り，暴力をふるい，さらには殺しても罰せられないのを見たら，また，2000万人の黒人の大半が，豊かな社会のただなかで，貧困という名前のひどいにおいのする牢獄のなかで息をつまらせているのを見たら，どうでしょうか。

あなたは6歳の娘に，テレビで宣伝されたばかりの遊園地に行くことができない理由を説明しようとして，舌がもつれ，うまく言葉にならないことを感じます。そして，黒人の子どもはそのような遊園地に行くことができないことを知った娘の目から涙があふれ，娘の小さな心の空に劣等感という名前の暗雲が生じ，白人に対して苦々しい気持ちを無意識にいだくことで娘の人格が少しずつゆがんでいく様子を見ることになるのです。また，「お父さん，どうして白人は黒人に対して，こんなに意地悪なの」とつらそうな様子で悲しげに聞いてくる5歳の息子に，適当な答をでっちあげなければなりません。

旅行のときには，どのモーテルでも宿泊を拒否されるので，毎晩居心地の悪い自動車のシートで眠らなければならないのです。さらに，来る日も来る日も「白人用」「黒人用」という屈辱的な掲示にいらいらしなければなりません。あなたのファーストネ

ームは「黒んぼ」で、ラストネームは（あなたが何歳であっても）「おい、おまえ」か「ジョン」で、あなたの母親や妻は絶対に「ミセス」という敬称つきで呼ばれることはないのです。あなたは昼も夜も黒人であるという事実に悩まされ、次の瞬間になにが起きるかわからないまま、絶えずつま先立ちで歩き、心のなかは不安で一杯で、外に向けて恨みを発散しつづけます。そしてたえず、自分が価値のない人間であるという自暴自棄の感情と戦うことになるのです。さあ、これで、待つことが非常に難しいとわれわれが考えている理由が、おわかりになったと思います。

マーティン・ルーサー・キング
「バーミングハムの獄中からの手紙」(1963年)
『私には夢がある』所収

「私には夢がある」

1963年8月28日、ワシントンで行なわれた大規模なデモのとき、マーティン・ルーサー・キングは説得力のあるすばらしい演説をした。リンカーンが奴隷解放宣言を出した100年後に、奴隷解放宣言に敬意を表して行なわれたこの演説は、おそらくアメリカ史上もっとも有名な演説のひとつである。

今日、自由へのもっとも偉大なデモ行進としてわが国の歴史に残ることになるこの集会に、こうして参加することができてうれしく思う。

いまから100年前、ひとりの偉大なアメリカ人が奴隷解放宣言に署名した。彼の象徴的な影のなかに、われわれは今日立っている。この重要な宣言は、それまで不正義の炎に焼かれていた何百万人もの黒人奴隷にとって、輝かしい希望の光となった。それは囚われの身の長い夜の終わりを告げる、喜ばしい夜明けだった。

しかし、それから100年たったいまも、黒人はまだ自由ではない。100年たったいまも、黒人の生活は人種分離の手かせと人種差別の足かせによって、あいかわらずみじめに妨げられている。100年たったいまも、黒人は物質的繁栄の大海のただなかで、あいかわらず貧困の孤島に暮らしている。100年たったいまも、黒人はアメリカ社会の片隅で衰弱し、自分の祖国で亡命状態に置かれている。

われわれが今日、ここに集まったのは、この恥ずべき状態を世間に訴えるためである。ある意味で、われわれは小切手を現金化するために、この国の首都にやってきた。わが共和国の建設者たちが、壮麗な言葉で憲法と独立宣言を書いたとき、彼らはアメリカの誰もが受取人になる約束手形に署名した。その手形によれば、奪うことのできない生命、自由、幸福追求の権利が、すべての人間、つまり白人と同じく黒人にも保証されている。(略)

私は今日伝えたい、友よ。今日も明日も私たちは困難に直面しているが、それでも

なお、私には夢があると。それは、アメリカン・ドリームに深く根ざした夢である。

私には夢がある。いつの日か、この国が立ちあがり、「これらの真理は自明のものである。つまり、すべての人間は平等につくられている」というわが国の信条を現実のものにするという夢が。

私には夢がある。いつの日か、ジョージアの赤い丘の上で、かつて奴隷だった者の子どもたちと、かつて奴隷の主人だった者の子どもたちが、兄弟として同じテーブルにつくことができるという夢が。

私には夢がある。いつの日か、不正義と抑圧の熱にうだる砂漠であるミシシッピでさえも、自由と正義のオアシスに変わるという夢が。

私には夢がある。いつの日か、私の4人の幼い子供たちが、肌の色によってではなく、人格だけによって評価される国に住むという夢が。今日、私には夢がある。

私には夢がある。いつの日か、悪意のある人種差別主義者や、口を開けば「介入」とか「無効化」という言葉しか出てこない州知事のいるアラバマ州でさえも、そのようなアラバマ州でさえも、いつの日か、幼い黒人の少年や少女が、幼い白人の少年や少女と兄弟姉妹のように手をとりあうことができるという夢が。今日、私には夢がある。

私には夢がある。いつの日か、すべての谷が隆起し、すべての山や丘が低くならされ、起伏のある土地が平野になり、ゆがんだ土地がまっすぐになり、神の栄光が示され、すべての人間が一緒にそれを見るという夢が。

これが、私の希望だ。この信念で、私は南部へ戻っていく。

この信念があれば、われわれは絶望の山から希望の石を切りだすことができる。この信念があれば、われわれはこの国の騒がしい不協和音を、美しい兄弟愛の交響曲に変えることができる。

この信念があれば、われわれは共に働き、共に祈り、共に戦い、共に投獄され、いつの日か解放されると信じながら自由のために共に立ちあがることができる。そしてその日には、すべての神の子が新しい意味をこめてこの賛歌を歌うことができるだろう。

『私の国は、あなたの国。麗しい自由の国。私はあなたを歌う。われわれの父が眠り、巡礼者が誇りに思う国。すべての山から「自由」の鐘を鳴り響かせよ』

もし、アメリカが偉大な国家になる運命ならば、このことが実現されなければならない。

だから、自由の鐘を打ち鳴らそう、ニューハンプシャーの雄大な丘の上から。

自由の鐘を打ち鳴らそう、ニューヨークの巨大な山々から。

自由の鐘を打ち鳴らそう、高くそびえるペンシルヴェニアのアルゲニー山脈から。

自由の鐘を打ち鳴らそう、コロラドの雪を頂いたロッキー山脈から。

自由の鐘を打ち鳴らそう,カリフォルニアのなだらかな丘から。

だが,それだけでは十分ではない。

自由の鐘を打ち鳴らそう,ジョージア州のストーン・マウンテンから。

自由の鐘を打ち鳴らそう,テネシー州のルックアウト・マウンテンから。

自由の鐘を打ち鳴らそう,ミシシッピ州のすべての山と丘から,すべての山々から。

われわれが自由の鐘を打ち鳴らせば,すべての村,すべての集落,すべての州,すべての町から自由の鐘を打ち鳴らせば,すべての神の子が,黒人も白人も,ユダヤ人も異教徒も,プロテスタントもカトリックも,すべての人びとが,手に手をとってあの古い黒人霊歌を共に歌える日が,すぐにやって来ることだろう。

『ついに自由が訪れた。ついに自由になれたのだ。全能の神に感謝しよう。私たちはついに自由になったのだ』と。

マーティン・ルーサー・キング
「ワシントン行進での演説」
1963年8月28日

■進んで屈辱に耐えるな

作家アレックス・ヘイリーの協力によって書かれた自伝をのぞいて,マルコムXは著作を残していない。黒人の心理学者ケネス・B・クラークとの対談のなかで,マルコムXはキングのやり方を痛烈に批判し,黒人は自治組織をつくるべきで,必要な場合は暴力を行使することも認められるといっている。

何匹もの犬にかみつかれている黒人を捕まえ,犬にかみつかれないよう自分の身を守るために暴力をふるったという理由で,彼を非難することはできません。

いいですか。黒人に犬をけしかけている人びとが,暴力をふるっているといって非難されることはないのです。彼らが黒人を憎悪していることで非難されることは絶対にないのです。

黒人と暴力に関する議論のなかで,このような理論が適用されることはありません。黒人が,我慢に我慢を重ねたあげく,怒りを爆発させると,黒人は暴力的だといわれます。白人が,自分たちが黒人を虐待してきた事実を正当化するのは当然であると主張するかぎり,黒人の態度は憎悪とはいえません。これまでの歴史のなかで白人が黒人に行なってきたことを,黒人みずからが数えあげるようになると,抜け目のない白人は,マスメディアを誘導し,いま黒人は憎悪をもつことを奨励しているということを人びとに信じさせようとします。

ムハンマド氏(当時マルコムXがスポークスマンを務めていた組織ネーション・オブ・イスラムの指導者)は,たがいに愛しあうことをわれわれに教えています。私は,われわれは自分たち黒人を愛するようにいいたいのです。この教えを,この国の黒人は学ぶ必要があります。なぜなら,われわ

れが愛することのできない唯一の相手が、自分たち黒人だからです。「すべての人を愛せ」といいながらうろうろしている黒人の大半が、自分たち黒人のことなど少しも愛していないのです。「すべての人を愛せ」と口にしながら、彼らが実際にやっているのは、われわれ黒人が白人を愛するように仕向けていることだけなのです。それが、彼らの基本方針です。

あるいは、彼らが「黙々と耐え忍べ」と口にするとき、それは「白人の攻撃に黙々と耐え忍べ」という意味なのです。この非暴力をとなえる黒人たちは、非暴力主義の伝道者です。しかし、ある黒人が彼らを攻撃すれば、彼らはその黒人をハーレム中追いまわして、彼と戦うでしょう。彼らが非暴力主義を信奉するのは、白人が彼らを攻撃するときだけなのです。

☆　　　☆

クラーク　「X氏、それは、マーティン・ルーサー・キング牧師への批判ですか」

マルコムX　「マーティン・ルーサー・キング牧師を批判する必要はありません。彼の行動が、十分彼を批判しています」

クラーク　「それは、どういう意味ですか」

マルコムX　「進んで屈辱に耐えろとほかの黒人に教える黒人は誰でも、彼らの気持ちを萎えさせているのです。攻撃されたときに進んで屈辱に耐えろとほかの黒人に教える黒人は誰でも、神がその黒人にあたえた権利、道徳上の権利、当然の権利、自衛するという知的な権利を、その黒人から奪っているのです。

自然界のすべてのものは、自分を守ることができます。アメリカの黒人以外は、それが正しいことなのです。キングのような人びと、彼らの仕事は『反撃するな』と黒人にいうことです。キングは、『仲間内で戦うな』とはいいません。彼が本当にいいたいのは、『白人とは戦うな』ということです。

マーティン・ルーサー・キングの支持者たちは、たがいに相手をずだずだに引き裂くことはあっても、白人の攻撃から身を守るためにはなにもしないからです。しかし、キングの主張に心を動かされる人は、ほんのわずかです。この国の黒人の大半は、マーティン・ルーサー・キングよりも、わが尊敬すべきイライジャ・ムハンマドのほうに心を寄せています」

クラーク　「そうでしょうか」

マルコムX　「キングについていくのは、白人です。キングを買っているのは、白人です。キングを援助しているのは、白人です。キングを支持しているのは、白人です。しかし、大多数の黒人は、マーティン・ルーサー・キングを支持していません。キングは、黒人を手荒くあつかいたいと思っている白人が、これまでに国内で手に入れた最良の武器なのです。なぜなら、キングがいるので、白人が黒人を攻撃したいときも、黒人は自衛することができないからです。戦ってはいけない、自分を守ってはいけな

い，という，このばかげた考えを，キングが広めているからです」(略)

マルコムX「いままで何度も，犬が黒人の女性や子どもにかみついてきました。ここでいう犬とは4本足の犬のことです。そしてそのたびに，2本足の犬のほうは，何千人もの黒人を虐待してきました。しかし，指導者を自認する人物は，妥協したり，自分たち黒人を手荒くあつかってきた連中と取引するだけで満足しています。町でのよい仕事を斡旋してもらうとか，そのたぐいのことと引き換えに，妥協しているのです。これは，成功などではありません。裏切りですよ。(略)

黒人を眠らせておく能力に長けているというだけで，黒人がマーティン・ルーサー・キングのいうことに従っているかぎり，この状態はつづくでしょう」

マルコムX
『われわれ黒人，ケネス・B・クラークとの対談』所収

人種問題を無視するのではなく，乗りこえる

2008年の大統領選挙の運動中に，バラク・オバマは反アメリカ的な発言が問題視されていたライト牧師との親密な関係を批判する人びとに対し，人種問題に正面から向きあった演説でこたえた。3月18日にペンシルヴェニア州フィラデルフィア市で行なわれた，合衆国憲法前文の語句からとられたタイトルがつけられているこの印象深く見事な演説は，新しい時代の到来を告げるものとなった。

わが国の人種的不正義の歴史について，ここで語る必要はありません。ただ，現在のアフリカ系アメリカ人の共同体に存在する数多くの不均衡は，奴隷制度とジム・クロウ法の遺産に苦しんだ前の世代の不平等から直接受けつがれたものであることを思いだす必要はあります。

教育の場での人種分離は，質の悪い学校を生みだしました。いまもその状況は変わりません。「ブラウン対教育委員会裁判」の判決から50年たっても，なにも変わっていないのです。質の悪い学校による教育を受けてきたことが，現在でも黒人学生が白人学生にはっきりと差をつけられている理由だといえます。

差別は合法的なものでした。黒人は，多くの場合暴力的な方法で私有財産をもつことを妨害されていました。アフリカ系アメリカ人の企業家は，貸付金を得ることができませんでした。黒人は，連邦住宅局の住宅ローンも組めませんでした。労働組合にも入れず，警察官や消防士にもなれませんでした。その結果，黒人家庭は次の世代に残す富を蓄えることができなかったのです。このような歴史が原因で，黒人と白人の財産や収入には格差があり，都市でも農村でも依然として貧困地域が数多く存在しています。

職がないこと、家族を養うことができない屈辱感や欲求不満が、黒人家庭をよりいっそう大きく崩壊させています。長年の社会福祉政策が、状況をさらに悪化させた可能性もあります。黒人居住地区の大半では、子どもたちが遊ぶ場所、警察官の巡回、定期的なごみ収集、都市整備計画など、基本的な公共サービスが提供されていません。このことが、暴力、荒廃、怠慢の悪循環を生み、われわれを苦しめつづけているのです。

これが、ライト牧師の世代のアフリカ系アメリカ人が育った社会の現実です。彼らが成人した1950年代末から60年代初頭は、人種分離はまだ合法で、黒人の将来の見通しは非常に暗いものでした。驚くべきことは、彼らの多くが差別を理由に挫折したことではなく、大勢の男女が逆境を克服して、私のような彼らのあとにつづく世代のために、なにもないところから道を切りひらいたことです。

しかし、全力をつくして自分なりのアメリカン・ドリームをつかんだ人がいる一方で、夢に届かなかった人も大勢存在します。なんらかの差別に、結局は負けてしまった人びとです。この挫折の経験は次の世代にも受けつがれました。将来の希望も見通しもなく、街角にたむろしていたり、刑務所で腐っている若者たちがいます。(略)

ライト牧師の世代の男女にとって、屈辱、疑い、恐怖の記憶は消えていません。当時の怒りや苦しみも、なくなってはいません。この怒りを、おおやけの場所、白人の同僚や友人の前では、おそらくぶちまけないでしょう。しかし、床屋や家庭の食卓では耳にします。ときに政治家は、人種対立をあおって選挙の際の票を集めたり、自分の失敗を隠すために、この怒りを利用します。

また、日曜日の朝の教会で、説教壇や信徒席からこの怒りの声があがるときもあります。ライト牧師の説教のなかからこの怒りの声が聞こえたことに、大勢の人が驚いています。このことは、アメリカ人の生活でもっとも人種分離が徹底されているのは日曜日の朝の教会だという、月並みな話を思いださせます。このような怒りは、いつでも効果的とはかぎりません。実際には、ほとんどの場合、本当の問題から目を背けさせる結果となります。われわれが負うべき部分の責任をまじめに直視することを妨げ、本当の変革に必要不可欠な協調をアフリカ系アメリカ人の共同体から奪うことになるのです。しかし、この怒りは本物で、強烈です。その根っこにあるものを理解せず、ただ無くなることを願い、非難しても、人種間の誤解の溝を深くするだけでしかないでしょう。(略)

より完全な連邦をめざすために、白人の共同体は、アフリカ系アメリカ人の共同体を苦しめているものが、黒人の妄想などではないということをまずは理解する必要があります。以前よりもずっと少ないとはいえ、いまも現実に差別が存在し、それをやめさ

せなければならないのです。言葉だけではなく，行動が必要です。われわれの学校や共同体に投資し，公民権法を尊重し，刑事裁判での公正さを保証し，過去の世代にはなかった社会的成功の機会と手段をいまの世代にあたえることです。(略)

O・J・シンプソン事件の裁判（人種問題がクローズアップされた殺人事件の裁判）や，ハリケーン・カトリーナによる大災害のときのように，人種問題をたんなる見世物にすることもできます。(略)

そう，そうすることもできるのです。

しかし，そんなことをしていたら，次の選挙でも焦点のずれた議論しかできないでしょう。その次の選挙でも，さらに次の選挙でも，同じことになります。そして，結局なにも変わらないのです。

これは，ひとつの選択肢です。しかし，もうひとつの選択肢があります。それは，「今回はそんな選挙にはしない」と，みながいうことです。この選挙では，われわれの子どもたち，つまり，黒人の子どもたち，白人の子どもたち，アジア人の子どもたち，ヒスパニックの子どもたち，ネイティブ・アメリカンの子どもたちから将来を奪っている荒廃した学校について議論したいのです。この選挙では，こうした子どもたちはなにも覚えることができないのだ，自分と違う人種の子どものことは結局のところ他人の問題だというシニカルな態度に「ノー」といいたいのです。

アメリカの子どもたちは，どこかの誰かの子どもたちなのではありません。みな，われわれの子どもたちなのです。21世紀の厳しい経済状況のなかで，彼らを見捨てるようなことがあってはいけません。今回は，そんなことをしてはならないのです。

バラク・オバマ
「フィラデルフィアでの演説」
2008年3月18日

③ 北部への移住希望者から新聞社への手紙

シカゴの小さな黒人共同体のために発行されていた「シカゴ・ディフェンダー」紙は、創刊当初は数百部にすぎなかったが、1910年代以降、25万部もの発行部数を誇るようになった。プルマン社の寝台車で働くポーター（荷物運搬人）の手で運ばれたこの新聞は、南部を含むアメリカ全土で読まれるようになった。

大移動時代に「シカゴ・ディフェンダー」紙は、南部が黒人を相変わらず奴隷状態に置いていると非難し、北部への移住を読者に奨励した。その結果、北部への移住を望む読者からのたくさんの手紙が新聞社に届いた。文章こそたどたどしいものの、それらの手紙からは、書き手の心に秘められた力強い希望が伝わってくる。

拝啓

「シカゴ・ディフェンダー」紙を読み、北部での仕事についての広告を見て、私は自分の状況についてお伝えしたいと思いました。私は南部で必死に働いていますが、生活はとても厳しいです。私には妻と子どもがひとりいて、家族を養うのがとても大変です。それで、私は自分と家族のために通行証を手に入れる方法をお聞きするために、お手紙しようと考えたのです。私は家族を置いていくつもりはありません。もう、ここで十分家族にひどい生活をさせていますし、家族を置いて私が行ってしまえば、もっとひどい生活をさせることになるとわかっているからです。

南部には勧誘員が来ているということですが、ラッチャーにはひとりも来ていませんし、もしラッチャーに勧誘員が来れば、少なくとも50人は応募者を見つけることができます。どうか、お願いです。できるだけ早く、お返事をください。

それだけです。この手紙を、新聞にはのせないでください。今日、私は町で男たちと話しあいをしました。みな「通行証がほしい」「そう思っている人は少なくとも30人か40人はいるはずだ」といっていました。でも、そのためのお金などないし、どうしたらよいのかわからないのです。でも、町の男たちは働きもので、丈夫で、仕事ができます。どうか、どうしたらよいのか教えてください。そうすれば、北部へ行く方法を町の男たちにも教えてやれます。

みな,働きたがっているからです。どうか,この手紙をのせないでください。こういう話は,こっそりしなければならないからです。黒人が北部へ行くことに,白人が腹を立てているからです。

　　　　　　　　　ラッチャー（テキサス州）
　　　　　　　　　　　　　1917年5月13日

　拝啓
　もしかしたら,直接,あるいは間接的に,私を助けていただくことができるのではないかと思い,ご迷惑でしょうが,お手紙しました。お許しください。

　私は結婚していて,妻と母親を養わなければなりません（このようなことを書くのは,私の悲惨な状況を正確にお伝えするためです）。ここでの生活は本当にひどく,生活費はかさむ一方なのに,給料は減っています。私はここを離れてもっと暮らしやすい場所へ引っ越したいと心の底から思っていますが,そのためのお金を用意することができません。

　私はいろいろなタイプの黒人が登場する小説を書くことができますが,パロディーや下品な表現は苦手です。また,詩を書くこともできます。風刺画を描くこともできますが,そのための勉強をしたことは一度もありません。ナチェズでは,このような私の才能を生かすことはまったくできないのです。

　私の小説をひとつかふたつ,貴社のすばらしい新聞の連載小説として発表することに,もしやご興味がおありにならないでしょうか。私の小説はとてもおもしろく,楽しく読めると思います。このような方法で,私はたぶんここをすぐに離れることができるでしょうし,もっとよい仕事につくことで,私が一番好きなこと,つまり絵を描くことをつづけられると思うのです。

　どうか,お返事をください。もし,よいお返事をくださることができないならば,黒人の兄弟が書いた小説を買ってくれるすべての黒人出版社を紹介していただけないでしょうか。

　　　　　　　　　ナチェズ（ミシシッピ州）
　　　　　　　　　　　　　1917年9月22日

　拝啓
　人生ではじめて,「ディフェンダー」紙を楽しく読みました。そのことを,どうしてもお伝えしたいのです。私はいままで,われわれ黒人のためにこのような新聞が発行されることなど,思ってもみませんでした。本当にすばらしい新聞です。

　本当に,私ははっきりと,この新聞はとてもおもしろいということができます。このような新聞が私の町か隣町で発行されていたなら,何年も前から予約していたでしょう。

　私は,4月28日の新聞の小さな欄を読みました。それは,いまのところ私が手に入れることのできた,最初でただひとつの号です。私はとても待ち遠しい気持ちで,次の号の「ディフェンダー」紙を受けとる

喜びを期待しています。なぜなら，私はいま自分が「ディフェンダー」紙の熱狂的なファンだと思っているからです。そして，「ディフェンダー」紙の販売店に，毎週「ディフェンダー」紙を届けてくれるように頼んだからです。

「ディフェンダー」紙の求人欄を読んで，たくさんの求人があることを知りました。私の思い違いでなければ，仕事がなくて仕事がほしい健康な労働者には，交通費が前払いされるというように，私は理解したのですが，それでまちがいないでしょうか。交通費を前払いしてもらった人は，仕事をはじめたときにもらう給料からその分の金額が差し引かれると私は理解したのですが，それでまちがいないでしょうか。

ところで，仕事がなくて，どうしても南部を離れたいと思っている，10人か15人くらいのすぐれた労働者を私は知っています。誓って彼らは誠実な労働者で，北部か東部か西部，つまり南部以外の場所ならどこでもよいのですが，そこへ行くことでしか幸せになれないのです。

どうか，この手紙に返事をください。お望みならば，ほかのこまかい情報や，この手紙についての必要な情報もすべてお話しすることができます。

私の強い関心事にお答えくださり，すぐにお返事くださるようお願いします。

　　　　　　ポート・アーサー（テキサス州）
　　　　　　　　　　　　1917年5月5日

拝啓

生活と仕事をするのによい場所を知りたくて，お手紙しました。私は，われわれ黒人がすべての点で高い地位につくことに賛成です。私は北部のどこか小さな町で，仕事がしたいです。とてもよい給料がもらえて，3人の幼い娘の教育ができて，知性が大切にされる町を希望しています。高級家具づくりの仕事がしたいのですが，それ以外でも，できれば家具をつくる仕事がしたいのです。

どうか，すぐに返事をください。給料の最低額と仕事の種類を教えてください。

敬具

　　　　　　　メンフィス（テネシー州）
　　　　　　　　　　　1917年4月23日
　　「ニグロ・ヒストリー・ジャーナル」誌所収
　　　　　　　第4巻，第3号（1919年）

4 「フリーダム・ライド」の参加者の証言

1961年に, 人種分離に抗議するため, 何組もの黒人と白人の若者が, 命がけで一緒にバスに乗り, 南部を旅行した。

「フリーダム・ライド」と呼ばれるこの抗議行動は, 公民権運動に重大な結果をもたらした。

バラク・オバマが大統領に当選した直後,「ル・モンド」紙の記者ニコラ・ブルシエはミシシッピ州を訪れ, かつてフリーダム・ライドに参加したメンバーから当時の話を聞いた。以下の証言から, 過去の闘争と, 現在のアメリカに依然として残されている問題の実態がうかがえる。

フランク・ホロウェーは, 1938年2月8日にアトランタ (ジョージア州) で生まれた。1961年当時, 学生だった彼は, 人権を呼びかけるための委員会のメンバーになっており, 数多くのデモやシット・イン (座りこみ) に参加し, 何度も逮捕されている。

非暴力は生活のスタイルではなく, 戦術だった。それはとてもよく機能する戦術だった。大きな宣伝になったからね。われわれは, かなり以前から制度に対して戦っていたが, それはとても怖かった。殴られたり, 脅迫されたり, 逮捕されたりしたから。しかし, それもだんだん慣れていった。

私の場合, それはアトランタのバスターミナルからはじまった。私はもうひとりのメンバーと, 最前列の白人専用席に座った。保安官がやってきた。われわれふたり以外の全員が, バスからおりた。驚いた。突然, 自分たちには力があるのだと感じた。バスの運行を妨げることは, 白人の商売の邪魔をすることになるのだから。少したつと, また客が乗ってきた。バスが出発する前, ひとりの黒人がわれわれの隣に来て座った。彼はいった。

「どうしてこんなことをしているのか, 自分でもわからない。でも, あなたたちと一緒に行くよ」

パーチマン刑務所 (ミシシッピ州) では, 全員が取調べを受けた。私の番が来る前に, ひとりの女性が取調官の質問に答える

ために別の部屋へ連れて行かれた。私の耳にははっきりと，激しく殴る音が聞こえた。ショックだった。私自身も殴られた。

フリーダム・ライドは，公民権運動の歴史における最初の大きな一歩だった。われわれはみな，それは可能だと感じていた。どの都市でも，白人と黒人が隣同士に座っている様子が見られた。障壁がとりはらわれ，不安が少しずつ消えていくようだった。私は，バラク・オバマが大統領に当選したことに，とても満足している。今後も，戦いはつづくだろうが。

黒人の苦しみは，依然として存在する。経済や刑務所について考えてほしい。われわれ黒人は，それらより深い関係がある。アメリカ社会には，相変わらず人種間の障壁がある。しかし，いまは希望がある。

デーヴ・デニスは，1940年10月17日にオメガ（ルイジアナ州）近郊の農園で生まれた。1961年には，彼はニューオーリンズのディラード大学の学生で，公民権運動の活動家だった。フリーダム・ライドに参加したあと，彼は1週間パーチマン刑務所に入れられた。その後，彼は人種平等会議（CORE）の指導者のひとりになった。

精神状態は最悪だった。ジャクソン（ミシシッピ州）までたどりつけるとは，思っていなかった。死ぬかもしれないと，われわれは話していた。死ぬ覚悟はできていなかったが，死ぬことは怖くなかった。夜のあいだずっと，白人はアトランタの町で車を燃やし，銃を撃っていた。すさまじかった。翌日，バスのなかでわれわれは「ウィ・シャル・オーバーカム（勝利をわれらに）」を歌った。

バラク・オバマが大統領に当選した夜，私はジャズクラブにいた。最初はその話が信じられなかった。この国はまだ，そういう心の準備ができているとは思っていなかったから。

私は，大義のために身を捧げたすべての人のことを考えた。そして，それ以外のすべての人のことを。人種分離に反対する長い道のりにあった障害を乗り越えることを可能にした，すべてのことを。それから私は自分の車に乗り，ひとりで泣いた。

バーに戻ると，人びとは「イエス，ウィキャン」と叫んでいた。私は急に怖くなった。1965年の投票権法が制定されたときの喜びを，突然思いだしたからだ。当時，われわれはついに人種統合が実現されたと思っていた。しかし，われわれはすぐに幻想を捨てた。たとえば，ミシシッピ州だ。ミシシッピ州は黒人議員が一番多い州だが，彼らは権力を握っているだろうか。彼らは裕福だろうか。われわれには，やらなければならないことがまだたくさん残されている。

私はいま，うれしく思っているが，手放しで喜んでいるわけではない。バラク・オバマの勝利は，これから起きるかもしれな

いことを象徴的に示したものにすぎない。これからどうなるかは、まだわからない。でも、私は彼を信じている。

キャサリン・バークス＝ブルックスは、1939年10月8日にバーミングハム（アラバマ州）で生まれた。1961年には、彼女はナッシュヴィル（テネシー州）の学生だった。南部キリスト教指導者会議（SCLC）のメンバーだった彼女は、フリーダム・ライドに参加したあと、39日間パーチマン刑務所に入れられた。

ここ南部では、人種問題をどこまで語っていいのか、誰もが心得ている。私は9歳か10歳のころ、抗議行動をはじめた。私は町の中心部を歩いているとき、歩道で白人に道を譲ることをしなかった。高校生のとき、私は友達と一緒にバスの窓から「黒人用」と書かれたプレートを投げすてた。ナッシュヴィルでは、SCLCのジェームズ・ローソンと一緒にピクニックを何度も行なって、ある程度の成功を収めた。

ある日、われわれが中央委員会とよんでいた組織が、ひとつのグループをジャクソンへ送ることを決めた。私はそのグループに参加した。メンバーは全部で11人だった。かき集められたお金で買うことのできたチケットが、11人分だったからだ。

私は、死ぬかもしれないと思っていた。白人に影響力をあたえられるのだという思いで、私は誇らしかった。われわれの運動はアメリカ全土に拡大していたので、人種差別の根底を揺るがすことができるかもしれなかった。けれどもそのような気力と精神状態は、マーティン・ルーサー・キング、マルコムX（NAACPミシシッピ州支部長）メドガー・エヴァーズ、ジョン・F・ケネディ、ロバート・F・ケネディといった人びとが暗殺されたことで、損なわれていった。

バラク・オバマが大統領に当選したいま、私は以前の気力をはじめてとりもどしたように思う。彼が大統領に当選したことで、人びとはふたたび、これらの問題について話すことができるようになっている。われわれはほとんどなにもないところから出発し、道筋をつけた。われわれは、戦いをつづけなければならない。

ニコラ・ブルシエ
「ル・モンド2」誌、第257号
（2009年1月17日土曜日）

5 ハリウッドの黒人俳優たち

1960年代まで，アメリカ映画に登場する黒人は，ほんの脇役にすぎず，しかもパターン化された姿で描かれていた。しかし，公民権運動がはじまると状況は変化し，黒人俳優に重要な役があたえられたり，人種差別やアメリカ社会における黒人の地位に関する深刻な問題が，映画のテーマとしてとりあげられるようになった。

19世紀に流行した，ダンス，音楽，滑稽な寸劇など，大衆的な見世物を白人が黒人に扮して演じるミンストレル・ショーの流れをくんで，初期の映画では，顔を黒く塗った白人の俳優が黒人を演じていた。『アンクル・トムの小屋』(1903年) やD・W・グリフィス監督の映画『国民の創成』(1915年) に登場する黒人は，世間知らずで献身的な召使，太った乳母，陽気な音楽家など，いずれもパターン化された人物たちだった。

しかし，黒人を演じた白人の俳優は，必ずしも人種差別主義者というわけではなかった。彼らのなかでも一番有名なアル・ジョルソン (1927年の『ジャズ・シンガー』に出演) は，リトアニア出身のユダヤ人で，彼はどの人種も平等であるべきだという考えをもっていた。

1930年代に入ると，ごくたまに黒人俳優が，あまり重要ではない快活な召使役を演じるようになった。ハティ・マクダニエルは，はじめて映画で黒人の活躍の場を広げた女性である。歌手や女優として才能を発揮した彼女は，当時大ヒットしたジョン・フォード監督の映画『プリースト判事』(1934年) や，『乙女よ嘆くな』(1935年) に出演したあと，『風と共に去りぬ』の黒人女中マミー役で有名になり，この役でアカデミー賞助演女優賞を受賞した。黒人でアカデミー賞を受賞したのは，彼女がはじめてである。南部の人種差別主義者のなかには，マミーが自分の主人であ

↑映画『風と共に去りぬ』で、型破りな黒人女中マミーを演じたハティ・マクダニエル(右)

るスカーレット・オハラにあまりにも親しげに接することを非難したが、世間知らずの黒人女中プリシーや従順な黒人奴隷ポークなど、この映画に登場するほかの黒人は、昔ながらのパターン化された人物像である。

1950年代には、いままでにない役を黒人俳優が演じることで、状況がわずかに変化した。たとえば、ジョーゼフ・マンキーウィッツ監督の映画『復讐鬼』(1950年)で、シドニー・ポワティエは強烈な人種差別主義者の患者と対決する医師を演じている。

しかし、依然として黒人俳優は厳しい差別を受けていた。オットー・プレミンガー監督のミュージカル・コメディー『カルメン』(1954年)の役で知られる女優ドロシー・ダンドリッジは、その後たいした仕事をすることができず、経済的に困窮し、悲劇的な最期をとげた。

公民権運動がはじまると、転機が訪れた。1960年代中ごろにシドニー・ポワティエが出演した社会派映画は、アメリカ映画史に残る作品である。ノーマン・ジュイソン監督の映画『夜の大捜査線』(1967年)は、ポワティエ演じる黒人刑事ヴァージル・ティップスを主人公とした作品で、ティップスは人種差別が厳しいミシシッピ州のある小さな町で起きた殺人事件を心ならずも捜査することになる。

同じ年、ポワティエは、白人と黒人のカップルを主人公とした『招かれざる客』にも出演している。革新的だが娘が黒人と結婚することには反対の両親が、結局はその結婚に同意するという内容のこの映画は、時流に乗った作品だった。それまで約30の州で白人と黒人の結婚が禁じられていたが、その年、最高裁判所はその禁止令が無効であるという判決をくだしている。

1970年代には、黒人のアイデンティティーを主張する映画が台頭した。それは、黒人俳優が出演し、ファンクやソウルミュージックといった独創的な音楽を用いたブ

↑『夜の大捜査線』(1967年)で、刑事ティップスを演じたシドニー・ポワティエ(右)

ラックスプロイテーションというジャンルの映画で、おもに黒人の観客のためにつくられたものである。

1980年代には、アメリカのテレビがゴールデンタイムの番組に黒人の俳優を起用しはじめた。また、黒人中産階級(婦人科医)のクリフ・ハクスタブル一家の日常生活を題材としたシリーズもののテレビドラマ『コスビー・ショー』(1984～92年)も制作された。昔ながらのパターン化された黒人の姿ではなく、白人の一般大衆も感情移入することができる魅力的な黒人一家の様子を描いたこのテレビドラマは、大ヒットした。

映画の分野でも、1980年代中ごろから、黒人俳優が大作で主役を演じるようになった。なかでも、モーガン・フリーマン、デンゼル・ワシントン、ウィル・スミス、ハル・ベリーは、ハリウッドの大スターとして活躍している。また、映画監督のスパイク・リーは、黒人社会を題材とした映画を次々と発表した。都市を舞台とした作品(『ドゥ・ザ・ライト・シング』『ジャングル・フィーバー』)、公民権運動に関する作品(『マルコムX』)、ドキュメンタリー映画(『フォー・リトル・ガールズ』『ウェン・ザ・リーヴス・ブローク』)で、彼は人種間の関係を描いている。アメリカの黒人団体は、これまでの進歩については評価しながらも、映画製作者や、より広い意味で映画産業を動かしている人びとの世界は、ほかのショービジネスの世界と同じく、白人が動かしていると指摘している。

パップ・ンディアイ

⇧テレビドラマ『コスビー・ショー』で家族を演じるビル・コスビー(中央)と共演者たち(1985年)

アメリカ黒人の歴史 略年譜

年	おもな出来事
1860	共和党のエイブラハム・リンカーンが大統領に当選。奴隷制度を支持する南部の諸州が合衆国から離脱。
1861	アメリカの歴史でただ一度の内戦である南北戦争が勃発。
1863	リンカーンが奴隷解放宣言を発布。
1865	南北戦争終結。奴隷解放宣言が憲法修正第13条として承認される。解放民局が設立される。南部諸州の州会議で「黒人取締法」が制定される。白人至上主義であるクー・クラックス・クラン (KKK) が設立される (1872年に解体)。
1866	3月,連邦議会は黒人に公民権をあたえる法律を制定。
1867	「南部再建法」が制定される。
1870	人種,肌の色,過去に奴隷の身分だったことを理由として投票権を奪うことが禁じられる。
1875	公共の場所での人種差別 (人種分離) を禁止する公民権法が制定される。
1883	1875年に制定された公民権法は違憲であるとする判決を最高裁判所がくだす。
1890	ミシシッピ州において,憲法を読んで理解でき,2ドルの人頭税を支払ったものだけが投票できるという制度が導入され,いくつかの州がそれにならう。ルイジアナ州で,列車内で白人と黒人の車両を分離する法律が制定される。
1896	「プレッシー対ファーグソン裁判」において,「分離はしても平等」の原則を打ち出し,公共施設における黒人分離 (隔離) は人種差別に当たらないとの判決をくだす。
1898	ウィルミントン暴動が起きる。
1900	ブッカー・T・ワシントンが黒人のための商工会議所である全米黒人企業連盟を創設。
1903	W・E・B・デュボイスは著書『黒人の塊』のなかで,ワシントンの妥協的な姿勢は不当な行為を承諾するに等しいと激しく非難する。
1905	デュボイスと若い黒人グループがナイアガラ運動を結成。
1905	『シカゴ・ディフェンダー』紙が創刊される。
1910	全米黒人地位向上協会 (NAACP) が正式に発足し,機関紙「クライシス」が創刊。
1914	第1次世界大戦の勃発を契機として「大移動 (グレート・マイグレーション)」の時代がはじまる。マーカス・カーヴェイが国際黒人地位改善協会 (UNIA) を設立する。
1915	「グイン対アメリカ合衆国裁判」において「祖父条項」が違反とされる。アトランタでKKKが復活。
1919	シカゴなど多くの都市で人種暴動が起こる (レッド・サマー)。

1925	ホワイトハウス前でKKKのメンバー4万人が行進を行なう。
1929	大恐慌が起こる。 全米黒人地位向上協会（NAACP）が創立20周年を迎える。
1931	スコッツボロ事件が起こり,人種分離反対のキャンペーンが大々的に展開される。
1935	産業別組合会議（CIO）が結成される。
1941	ルーズヴェルト大統領が軍需産業で労働者を雇う場合「人種,信条,肌の色,出身国について」差別することを禁じる命令を出す。
1942	人種平等会議（CORE）が発足する。
1945	軍隊での人種統合が本格化する。
1953	アール・ウォーレンが最高裁判所長官に任命される。
1954	「ブラウン対トピカ市教育委員会裁判」にて,最高裁判所は公立学校での人種分離は憲法違反であることを宣言。公民権運動の開始。
1955	モンゴメリー・バス・ボイコット事件が起こる。モンゴメリー協会（MIA）が発足（マーティン・ルーサー・キングが指導者に選ばれる）する。1965年までつづく「第2の再建時代」の開始。
1957	キングが南部キリスト教指導者会議（SCLC）を結成する。
1960	学生非暴力調査委員会(SNCC)が設立される。シット・イン運動が起こる。
1961	「フリーダム・ライド」と呼ばれる抗議運動が起こる。
1963	ワシントン大行進。キングによる演説「私には夢がある」が有名。
1964	キングがノーベル平和賞を受賞。人種分離を完全に禁止する新しい公民権法が制定。
1965	新しい投票権法が制定される。積極的差別是正措置の開始。マルコムXが暗殺される。
1966	ブラック・パンサー党が結成される。以降,戦闘的な運動であるブラックパワー運動が激化していく。
1967	サーグッド・マーシャルが黒人初の最高裁判所判事となる。 いくつもの大都市で黒人市長が誕生する。
1968	キングは「貧者の行進」を計画していたが,4月4日,メンフィスで暗殺される（享年39歳）。
1970年代初頭	FBIによるブラック・パンサー党の弾圧。
1980年代	共和党のロナルド・レーガンが大統領になり,保守的傾向が強まる。
1983	ハロルド・ワシントンがシカゴで初の黒人市長に就任する。
1991	ロドニー・キング事件をきっかけとしてロサンゼルス暴動が起こる。
2005	ハリケーン・カトリーナでニューオーリンズが壊滅的な被害を受ける。
2008	ケニア出身の父をもつ黒人のバラク・オバマが大統領に選ばれる。

INDEX

あ

アイゼンハワー　86・94・95
アームストロング，ルイ
　　　　　　　　　64・67
『アメリカのジレンマ』80
アフリカ・メソジスト監督派教会　30
「ウィ・シャル・オーバーカム（勝利をわれらに）」
　　　　　93・94・153
ウィリアムズ，ジョージ・ワシントン　51
ウォーレン，アール
　　　　　　　　95・116
エリオット，ロバート・B
　　　　　　　　　　23
O・J・シンプソン事件　148
オバマ，バラク
　115・116・128～131・137・
　146・148・152～154

か

ガーヴェイ，マーカス
　　　　　　　　72・73
解放民局　21・27
学生非暴力調整委員会
　（SNCC）　92・93・96・97・106
カーター，ジミー　117・124
キング，マーティン・ルーサー
　5・79・87～89・92・93・
　95～101・103・104・106・110・
　111・124・130・137・141・142・
　144～146・154
「グイン対アメリカ合衆国裁判」　51
クー・クラックス・クラン
　（KKK）　17・24～26・
　30・41・68・71・92・96
「クライシス」誌　50・64
クリントン，ビル　127・129
グレート・マイグレーション→大移動を見よ
ゲットー　55・62・63・65・75・
　98・104・105・107・110・
　111・122・123・125・126
ケネディ，ジョン・F
　95・97・99・101・103・116・154
ケネディ，ロバート・F
　　　　　　　94・95・154
公民権（法・運動）　21・23・
　30・34・38・48・49・59・71・
　79・83・93・94・96・97・
　99～101・103～106・110・
　115・131・134・136・137・
　141・148・152・153・155～157
国際黒人地位改善協会
　（UNIA）　72・73
『黒人，その民族学的地位』　41
黒人取締法　19・20
『黒人の魂』　48・139・141
黒人問題会議　51
黒人問題調整部会　117
『国民の創成』　71・155

さ

産業別組合会議（CIO）
　　　　　　　61・62・81
「シカゴ・ディフェンダー」誌　51・56・133・149～151
シット・イン　90～92・152
「ジム・クロウ法」
　　　　　37・38・48・146
ジャクソン，ジェシー　124
ジャクソン，マヘリア　93
ジュビリー・シンガーズ　28
ジョンソン，アンドリュー　21
ジョンソン，リンドン・B
　　　　　99・101・104
人種差別・人種分離（隔離）
　21・26・29・34・37～39・41・
　43～45・48～53・59・62・
　63・74・76・77・79・80・82・
　83・86・89・90・92～97・
　99・104・110・111・123・
　124・134・137・139・142・
　143・146・147・152・153・
　155・156
人種平等会議（CORE）
　91・92・96・97・106・153
人頭税　30・34
スコッツボロ事件　77
スレーター基金　47
積極的差別是正措置
　　　　　115・118・119
全米黒人企業連盟　52
全米黒人地位向上協会
　（NAACP）　49～52・59・
　68・69・72・80・82・83・86・
　88・89・97・101・112・154
祖父条項　34・51

た

大移動　55・56・64・74・149
大恐慌　64・75・131
ダグラス，フレデリック
　　　　　　　　　30・51
タスキーギ学院　45・47
チゾム，シャーリー　117
デプリースト，オスカー　74
デュボイス，W・E・B
　48～51・62・64・73・137・139・141
投票権　17・20～22・25・
　30・34・35・50・51・74・90・
　99～101・105・135・136・153
奴隷解放宣言
　　　　　18・19・74・99・142
奴隷制度　18～20・22・24・25・
　27・30・48・51・134・146
『奴隷より身を起こして』　51

な

ナイアガラ運動　48・49
ナショナル・バプテスト連盟　30
南部キリスト教指導者会議
　（SCLC）　89・91・96・97・154

INDEX

「南部再建法」
22・26・27・73・116
南北戦争 17~22・24・25・
27・29・33・34・37・39・
45・116・134・139
ニクソン, リチャード 116
「ニグロ・ワールド」誌 72
ニューディール政策 75
ネーション・オブ・イスラム
107・144
ノーベル平和賞 99

は▼

ハイパーゲットー 119・123
パウエル, コリン 128
パークス, ローザ 86~89
「ハーパーズ・ウィークリー」誌 19・22・25
「バーミングハムの獄中からの手紙」 96・142
ハリケーン・カトリーナ
128・129・148
ハーレム 63~65・67・
69・73・75・104・145
ハーレム・ヘルファイターズ 59
ハーレム・ルネサンス 64
白人自警団 26・30・35
白人至上主義 17・24・68・71
ハンプトン学院 45
ヒラリー・クリントン 129
貧困家庭一時扶助 (TANF)
127
『貧困と怒りのアメリカ南部』 91
『貧者の行進』 110・111
『フィラデルフィアの黒人』 51
フーヴァー, ハーバート 74
フォレスト, ネイサン・ベッドフォード 24
ブッシュ, ジョージ (父)
ブッシュ, ジョージ (子)
128
フーバー, エドガー 107
「ブラウン対トピカ市教育委員会裁判」 83・86・
94・135・146
ブラックパワー運動
92・105・106
ブラックパワー・サリュート 106・109
ブラック・パンサー党
106・107・109・111
ブラッドリー, トム 116
フリーダム・ライド
92~94・152~154
『フレデリック・ダグラスの生涯と時代』 51
ブルース, ブランチ・K 22
プルマン・ポーター組合
61・80
「プレッシー対ファーガソン裁判」 37・43・83・135
プレッシー, ホーマー

43・44
分益小作人 22・27・31・56
「分離はしても平等」
37・43・44
ヘイズ, ラザフォード 26

ま▼

マーシャル, サーグッド 101
マルコムX 106・107・
137・144~146・154・157
ムーディ, アン 91
ムハンマド, イライジャ
107・144
メレディス, ジェイムズ 95
モンゴメリー改良協会 (MIA) 87・88
モンゴメリー・バス・ボイコット 87~89・103・110

や▼

ユニオン連盟→ロイヤル連盟を見よ
要扶養児童家族扶助 (AFDC) 127

ら▼

ライス, コンドリーザ 128
ランドルフ, A・フィリッ
プ 80
リンカーン, エイブラハム
18・19・23・30・49・74・76・
99・142
ルーズヴェルト, セオドア
44・48
ルーズヴェルト, フランクリン 75・76・81・129・131
レーガン, ロナルド
124・127
レッド・サマー 69
ロイヤル連盟 23・24・26
ロドニー・キング事件
125・126

わ▼

ワシントン, ハロルド
124・125
ワシントン, ブッカー・T
44・45・47~49・
51・52・137・139
「私には夢がある」
5・6・98・142・143

出典（図版）

【表紙】

表紙●駅に到着したワシントン大行進の参加者　1963年8月28日

背表紙●セルマからモンゴメリーへの行進の先頭に立つマーティン・ルーサー・キング　1965年3月

裏表紙●宣誓するバラク・オバマ　2009年1月20日

【口絵】

4●ワシントンのリンカーン記念堂で演説するマーティン・ルーサー・キング　1957年5月17日

6/7●ワシントン大行進時にリンカーン記念堂前に集まった人びと

7上●セルマで演説するマーティン・ルーサー・キング　1965年2月22日

8/9●ワシントン大行進時にナショナル・モールに集まった人びと

8中●アトランタのエベネザー・バプテスト教会で説教するマーティン・ルーサー・キング　1964年4月

10/11●ワシントン大行進

11中●演説するマーティン・ルーサー・キング　1961年5月

12/13●ワシントン大行進

12上●ケンブリッジ（マサチューセッツ州）で開かれた記者会見でのマーティン・ルーサー・キング　1967年4月13日

15●ストックホルムから戻ったマーティン・ルーサー・キングをたたえる人びと　1964年10月31日

【第1章】

16●ゲイロード・ワトソンのリトグラフ　ニューヨーク　1883年ころ　ワシントン　アメリカ議会図書館

17●「ハーパーズ・ウィークリー」誌のためのトーマス・ナストの版画　1874年10月24日

18上●南北戦争中の徴兵ポスター　1861～64年　ニューヨーク歴史協会

18/19下●南北戦争中のリンカーン砦での黒人歩兵連隊　アメリカ議会図書館

19●「復員兵」リトルロック　アーカンソー州　1865年4月20日　アルフレッド・R・ウォードのデッサン「ハーパーズ・ウィークリー」誌　1866年5月19日　アメリカ議会図書館

20●ノースカロライナ州での綿花の収穫　1860年代

21●解放民に反対する民主党のポスター　1866年の選挙時

22上●ミシシッピ州選出上院議員ブランチ・K・ブルース　写真　1865～80年　アメリカ議会図書館

22下●「はじめての投票」フレッド・R・ウォードのデッサンをもとにした版画「ハーパーズ・ウィークリー」誌　1867年11月16日　アメリカ議会図書館

23●下院で演説するロバート・B・エリオット　リトグラフ　1874年ころ　シカゴ歴史協会

24上●クー・クラックス・クランのメンバー　アラバマ州　1867年ころ　フリーモント　ラザフォード・B・ヘイズ大統領センター

24/25下●クー・クラックス・クランのメンバー　ウォータータウン（ニューヨーク州）　1870年ころ　アメリカ議会図書館

25●「1票減」トーマス・ナストの版画「ハーパーズ・ウィークリー」誌　1868年8月8日

26●1875年にミシシッピ州で行なわれた選挙のときに見られた版画

27●1916年のアンソーストン（ケンタッキー州）での黒人の子どものための学校　ルイス・W・ハインズ撮影　アメリカ議会図書館

28上●フィスク大学ジュビリー・シンガーズ　1870年代

28下●ジュビリー・シンガーズの楽譜　1884年　アメリカ議会図書館

29●1900年ころのルイジアナ州の教会　フランソワ・ミュニエ撮影　ニューオーリンズ　ルイジアナ州立博物館

30上●アラバマ州での分益小作人の一家　1902年　フランシス・ベンジャミン・ジョンストン撮影

30下●フレデリック・ダグラス　1875年ころの写真　イェール大学アメリカ文学コレクション　バイネッキ稀覯本・手稿図書館

31●ヴァージニア州での分益小作人の家　1899年　フランシス・ベンジャミン・ジョンストン撮影

32上●南北戦争後の南部の都市での黒人たち

32下●ミシシッピ州の黒人たち　1890年代　ジャクソン　ミシシッピ州公文書・歴史局

33●ルイジアナ州の4人の黒人少年　1890年代　フランソワ・ミュニエ撮影　ニューオーリンズ　インディアナ歴史協会

34下●アメリカ南部州の地図　エディグラフィ社

34/35上●ウィルミントン（ノースカロライナ州）の白人自警団　1898年

35下●ジャクソン（ミシシッピ州）で掲示されたポスターの抜粋　1890年1月

【第2章】

36●タスキーギ学院でのエメット・J・スコットの一家　フランシス・ベンジャミン・ジョンストン撮影

37●『ジャンプ・ジム・クロウ』の楽譜の表紙　リトグラフ　1832年ころ　ハーヴァード大学演劇コレクション　ホートン図書館

38●「明るい南部のために」風刺画「パック」誌　1913年2月26日　アメリカ議会図書館

39●アトランタ（ジョージア州）の酒場　R・S・ベーカー「カラー・ラインをたどる」所収の写真　1908年

出典（図版）

ショーンバーグ黒人文化研究センター　ニューヨーク公共図書館

40上●「黒人街のクラブでの政治討論」ダークタウン・コミックス　カーリア＆アイヴズ印刷工房のリトグラフ　1884年ころ　アメリカ議会図書館

40下●同上

41左●『黒人，その民族学的地位』パンフレット　1867年　アメリカ議会図書館

41右●ジョサイア・C・ノット『人間の類型』所収の論文「人種の比較解剖学」から抜粋した図版　フィラデルフィア　1855年　個人蔵

42●1906年と1907年のリンチの比較対照表　R・S・ベーカー『カラー・ラインをたどる』所収　1908年　ショーンバーグ黒人文化研究センター　ニューヨーク公共図書館

42/43●「リンチに向かう」撮影者不詳　1890年ころ　ニューヨーク　国際写真センター　ダニエル・コウィン寄贈　1900年

43右●オハイオ州でのリンチの光景　1890年ころ　イェール大学アメリカ文学コレクション　バイネッキ稀覯本・手稿図書館

44上●1901年にホワイトハウスに招待されたブッカー・T・ワシントンを記念した絵葉書

44下●1880年代のブッカー・T・ワシントン　アメリカ議会図書館

45●1899年のハンプトン学院（ヴァージニア州）での栄養学の授業　フランシス・ベンジャミン・ジョンストン撮影　同上

46上●タスキーギ学院（アラバマ州）での農作業　同上

46下●タスキーギ学院の印刷所　フランシス・ベンジャミン・ジョンストン撮影　1902年　同上

47上●タスキーギ学院の化学実験室　同上

47下●タスキーギ学院のマットレス製作所　同上

48●W・E・B・デュボイス『黒人の魂』の本扉　シカゴ　A・C・マックラーグ社1903年　イェール大学アメリカ文学コレクション　バイネッキ稀覯本・手稿図書館

49上●全米黒人地位向上協会のバッジ

49下●ナイアガラ運動の記念写真　アマースト　特別収蔵室　W・E・B・デュボイス図書館　マサチューセッツ大学

50上●1909年のアトランタ大学のオフィスでのW・E・B・デュボイス　同上

50下●「クライシス」誌第2号　ニューヨーク　全米黒人地位向上協会　1910年12月　同上

51●1900年のパリ万国博覧会のためのデュボイスのグラフ　アメリカ議会図書館

52上●マダム・C・J・ウォーカー製造所の毛髪栄養剤　インディアナポリス　マダム・C・J・ウォーカー・コレクション　インディアナ歴史協会

52下●1900年ころに自動車を運転するマダム・C・J・ウォーカー　同上

53●ワシントンのアンダーダウン食料品店　1904年ころ　アディソン・N・スカーロック撮影の写真　スカーロック・スタジオ・コレクション　資料センター　国立アメリカ歴史博物館　スミソニアン協会

【第3章】

54●ニューヨークのホランド・トンネル建設時の黒人労働者　1924年

55●ラングストン・ヒューズ『ものういブルース』の表紙　ミゲル・コバルビアスによる挿絵　ニューヨーク　A・A・クノップフ社　1926年　イェール大学アメリカ文学コレクション　バイネッキ稀覯本・手稿図書館

56上●「シカゴ・ディフェンダー」紙の第1面　1916年9月2日

56下●大移動時代の勧誘員の風刺画

57●シカゴに到着した南部の農民一家　1922年　写真　シカゴ人種関係委員会『シカゴの黒人，人種関係と人種暴動の研究』1922年　ショーンバーグ黒人文化研究センター　ニューヨーク公共図書館

58/59●ニューヨークに戻った黒人兵からなる第369歩兵連隊　1919年

60●1927年のミシシッピ大洪水時の避難民キャンプ　ジャクソン　ミシシッピ州公文書・歴史局

61上●ペンシルヴェニア州の工場労働者　1907年

61下●ミンストレル・ショーのポスター　1896年ころ　アメリカ議会図書館

62●訪問看護婦協会の看護婦　シカゴ　1912～14年　シカゴ歴史協会

63●シカゴでのYMCAによる清掃活動時の黒人の子どもたち　1919年　ショーンバーグ黒人文化研究センター　ニューヨーク公共図書館

64上●「クライシス」誌の表紙　アーロン・ダグラスによる挿絵　ニューヨーク　全米黒人地位向上協会　1929年5月　イェール大学アメリカ文学コレクション　バイネッキ稀覯本・手稿図書館

64/65●ハーレムでのラングストン・ヒューズ，チャールズ・S・ジョンソン，E・フランクリン・フレイザー，ルドルフ・フィッシャー，ヒューバート・T・デラニー　1924年　ショーンバーグ黒人文化研究センターニューヨーク公共図書館

65上●レノックス通り　ハーレム　1930年ころ

66/67●ウィリアム・キーリー監督の映画『シンギング・キッド』のアル・ジョルソンとキャブ・キャロウェイ　1936年

67上●1920年代のルイ・アームストロング

163

出典（図版）

68◉シカゴ暴動 1919年7月31日
69/69上◉全米黒人地位向上協会の年次総会 クリーヴランド（オハイオ州）1929年6月6日 全米黒人地位向上協会コレクション／アメリカ議会図書館
69下◉人種暴動時に逮捕された人びと ハーレム 1935年3月
70上◉クー・クラックス・クランの集会 スプリングフィールド（オハイオ州）1923年
70/71◉ペンシルヴェニア通りを行進するクー・クラックス・クランのメンバー ワシントン 1925年8月9日
71上◉D・W・グリフィス監督の映画『国民の創世』のポスター 1915年
72上◉マーカス・ガーヴェイの講演を知らせる国際黒人地位改善協会のチラシ アトランタ 1917年3月25日
72/73◉国際黒人地位改善協会のデモ ハーレム 1924年 ショーンバーグ黒人文化研究センター ニューヨーク公共図書館
73右◉マーカス・ガーヴェイ 1924年 ジェームズ・ヴァンデア・ジー撮影
74上◉オスカー・デブリーストとモリス・ルイス 1929年 アメリカ議会図書館
74/75◉リンチ反対の行進 ワシントン 1922年6月24日
75上◉1936年のハーレムの食料品店 ルシアン・アイグナー撮影
76上◉デトロイトのスラムに住む少女と話すエレノア・ルーズヴェルト 1935年9月
76/77下◉ホワイトハウス前を行進するスコッツボロ事件の囚人を支援する人びと 1933年
77中◉「スコッツボロ・ボーイズ」 1931年3月

【第4章】

78◉駅に到着したワシントン大行進の参加者 1963年8月28日
79◉セルマからモンゴメリへの行進のあとで群衆に語りかけるマーティン・ルーサー・キング 1965年3月
80中◉1941年のワシントン行進をよびかけるチラシ A・フィリップ・ランドルフ協会の好意による アメリカ議会図書館
80下◉1942年のエイサ・フィリップ・ランドルフ ゴードン・パークス撮影 アメリカ議会図書館
80/81下◉デトロイトで黒人の車をひっくり返す白人の暴徒 1943年6月
82上◉兵士ドリー・ミラーをたたえたデヴィッド・ストーン・マーティンのポスター 1943年 アメリカ議会図書館
82/83下◉リッチモンドのカイザー造船所で働く女性労働者 1942～43年
83上◉「ニューヨーク・タイムズ」紙の第1面 1954年5月18日
84◉公共事業促進局が主催する水泳キャンペーンのポスター 1940年 アメリカ議会図書館
85上◉ノースカロライナ州での人種隔離 1950年 エリオット・アーウィット撮影
85下◉ハンプトン（ヴァージニア州）での人種隔離 1962年 ブルース・デヴィッドソン撮影
86◉バスの乗客 フロリダ州 1956年
87上◉モンゴメリー・バス・ボイコットを行なうマーティン・ルーサー・キングと彼の助言者たち 1956年1月27日
87下◉モンゴメリー・バス・ボイコットが行なわれていたときのバス 1956年 ダン・ウェイナー撮影
88/89上◉モンゴメリー・バス・ボイコット事件で逮捕された活動家たち モンゴメリー アラバマ州公文書・歴史局
88下◉モンゴメリー・バス・ボイコットに参加する女性 1955年
89下◉「モンゴメリー・アドヴァタイザー」紙の第1面 1956年11月15日
90◉リトルロック・セントラル高校でのエリザベス・エックフォード 1957年9月
92/93下◉ジャクソン（ミシシピ州）のウールワースでシット・インをするジョン・ソルター・ジュニア，ジョーン・トランパウアー，アン・ムーディ 1963年5月
92◉アニストンでのバス火災 1961年5月14日
93上◉学生非暴力調整委員会のバッジ
93中◉自由への祈りの巡礼で歌うマヘリア・ジャクソン ワシントン 1957年5月17日
93下◉ケアロ（イリノイ州）でデモをする学生非暴力調整委員会のメンバー 1962年 ダニー・ライアン撮影
94◉群集に語りかけるロバート・F・ケネディ 1963年6月14日 ウォーレン・K・レフラー撮影 アメリカ議会図書館
95上◉最高裁判所長官アール・ウォーレン 1971年
95下◉ミシシッピ大学に入学するジェイムズ・メレディス 1962年10月1日 マリオン・S・トリコスコー撮影 アメリカ議会図書館
96◉デモ参加者に放水するバーミングハムの消防士 1963年7月15日
97◉バーミングハムで警察犬に襲われるデモ参加者 1963年7月26日
98上◉ワシントン大行進時にナショナル・モールに集まった人びと
98/99◉演説するマーティン・ルーサー・キング
100上◉セルマの行進に参加する人びとに襲いかかる警察官 1965年3月9日
100中◉エドモンド・ベタス橋を渡る行進の参加者 セルマ 1965年3月9日
100下◉セルマからモンゴメリーへの行進に参加する人びとを警備するアラバマ州兵 1965年3月

出典（図版）

101●リンドン・B・ジョンソン　1964年7月
102●アトランタのエベネザー・バプテスト教会で説教するマーティン・ルーサー・キング　1964年11月8日
103上●ホワイトハウスでのマーティン・ルーサー・キングと公民権運動の活動家たち　1963年8月
103下●セルマからモンゴメリーへの進行の先頭に立つマーティン・ルーサー・キングと妻コレッタ　1965年3月
104上●ニューアーク暴動（ニュージャージー州）1967年
104/105●ブルックリンでの暴動　1964年7月
106上●ネーション・オブ・イスラムの集会でのモハメド・アリ　1966年　ロジャー・マロック撮影
106/107下●メキシコシティオリンピックでのトミー・スミスとジョン・カーロス　1968年10月16日
107上●バーミンガムでのマルコムX　1963年5月14日
107下●FBIのポスター　1970年8月
108上●ヒューイ・ニュートンとボビー・シール　サンフランシスコ　1967年7月
108下●ドフレメリ公園で行進するブラック・パンサー党員　オークランド　1969年　スティーヴン・シェイムズ撮影
109上●ブラック・パンサー党のバッジ
109●ブラック・パンサー党のためのデモでブラックパワー・サリュートを行なう参加者　1960年代
110上●1966年のグレナダ（ミシシッピ州）で人種隔離が撤廃された小学校に通う子どもたちにつきそうジョーン・バエズとマーティン・ルーサー・キング
110/111●マーティン・ルーサー・キング暗殺直後のローレイン・モーテルのバルコニー　1968年4月4日
111上●貧者の行進のバッジ　1968年
112左●1974年の女優パム・グリア
112右●ゴードン・パークス監督の映画『黒いジャガー』でのリチャード・ラウンドトゥリー　1971年
113左●1971年のオリンピア劇場でのジェームス・ブラウン
113右●ジェームス・ブラウンの33回転レコード『セイ・イット・ラウド、アイム・ブラック・アンド・アイム・プラウド』のジャケット　1968年

【第5章】

114●セント・ポール（ミネソタ州）で開かれた選挙集会でのバラク・オバマ候補　2008年6月3日
115●積極的差別は正措置に関するポスター
116●アール・ウォーレンの前で宣誓するロサンゼルス市長に選ばれたトム・ブラッドリー　1973年7月1日
117上●カール・B・ストークス、ウォルター・E・ワシントン、リチャード・G・ハッチャー、ロバート・ウィーヴァー　1967年12月
117下●1970年の連邦議会のオフィスでのシャーリー・チザム
118上●ハーヴァード大学の卒業生　2005年
118下●全国アメリカ革命児童協会が発行した、人権統合のためのバス通学に賛成するバッジ
119●メイ・C・ジェミソン　1992年
120●マイケル・ジョーダン　1997年
121上●トーク番組でのオプラ・ウィンフリーとアル・ゴア　2005年
121下●2002年3月24日にアカデミー賞を受賞したハル・ベリーとデンゼル・ワシントン
122/123上●ブロンクスの子どもたち　1971年夏
122●ノースバーゲン（ニュージャージー州）の貧困家庭　1987年
124●1984年の大統領選挙候補者ジェシー・ジャクソン
125上●シカゴ市長に選ばれたハロルド・ワシントン　1983年
125下●映画『リトル・セネガル』のポスター　2001年
126上●ロサンゼルス暴動　1992年4月31日
126下●暴行を受けるロドニー・キングの様子を撮影したビデオ　1991年3月3日
127●福祉改革法に署名するウィリアム・クリントン　1996年8月21日
128●2003年にナイジェリアで開かれた会議に参加するコンドリーザ・ライス、コリン・パウエル、ジョージ・W・ブッシュ
129●ニューオーリンズのスーパードームへ向かう避難民　2005年9月1日
130/131●「ニューヨーク・タイムズ」紙の第1面　2008年9月5日
131上●大統領選挙で勝利した夜のバラク・オバマとその家族　シカゴ　2008年11月5日
132●バラク・オバマが就任した日に集まった人びととワシントン　2009年1月20日

【資料篇】

133●「シカゴ・ディフェンダー」紙を売り歩く黒人少年　シカゴ　1942年
156左●ヴィクター・フレミング監督の映画『風と共に去りぬ』のなかのハティ・マクダニエルとヴィヴィアン・リー　1939年
156右●ノーマン・ジュイソン監督の映画『夜の大捜査線』のなかのシドニー・ポワティエとロッド・スタイガー　1967年
157●『コスビー・ショー』の出演者たち

参考文献

『アメリカ黒人解放史』 猿谷要著 二玄社（2009年）
『アメリカ黒人の歴史』 ベンジャミン・クォールズ著 明石紀雄／岩本裕子／落合明子訳 明石書店（1994年）
『新版 アメリカ黒人の歴史』 本田創造著 岩波書店（岩波新書）（1991年）
『アメリカ黒人の歴史 奴隷から自由へ』 ジョン・ホープ・フランクリン著 井出義光／木内信敬／猿谷要／中川文雄訳 研究社出版（1978年）
『黒人差別とアメリカ公民権運動』 ジェームス・M・バーダマン著 水谷八也訳 集英社（集英社新書）（2007年）
『アメリカの黒人と公民権法の歴史』 大谷康夫著 明石書店（世界人権問題叢書）（2002年）
『20世紀のアメリカ黒人指導者』 ジョン・ホープ・フランクリン／オーガスト・マイヤー編 大類久恵／落合明子訳 明石書店（明石ライブラリー）（2005年）
『アメリカ黒人抵抗史』 ブラホード・チャムバース著 岡田泰行訳 明石書店（1987年）
『公民権運動への道 アメリカ南部農村における黒人のたたかい』 上杉忍著 岩波書店（1998年）

CRÉDITS PHOTOGRAPHIQUES

AFP 113g. AFP/Emmanuel Dunand 114. AFP/Luke Frazza 121h,128. AFP/Getty Images 2e plat. Alabama Dept. of Archives & History, Montgomery 88-89h. Beinecke Rare Book and Manuscript Library, New Haven 30b, 43h, 48, 55, 64h, 151. The Chicago Defender 56-57. Chicago Historical Society 23, 62. Coll. Prod. DB © Open City Films/DB 125b. Corbis 35h. Corbis/Bob Adelman 79, 98-99, 100b. Corbis/Lucien Aigner 75h. Corbis/Bettmann Dos, 6-7, 7h, 10-11, 12h, 21, 26, 32h, 54, 61h, 65h, 68, 69b, 70-71, 74-75, 76h, 76-77b, 77m, 81, 90, 92, 95h, 100h, 100m, 103b, 104h, 104-105, 107h, 107b, 111h, 116, 117h. Corbis/Bettmann/Frances B. Johnston 36. Corbis/Bettmann/E. F. Joseph 82-83h. Corbis/Bettmann/Paul Thompson 58-59. Corbis/ Duomo 120 Corbis/Epa/Tannen Maury 131h. Corbis/David J. & Janice Frent Collection 44h, 49h, 72h, 93h, 109h, 118b. Corbis/Jacques M. Chenet 125h. Corbis/Lewis H. Hine 27. Corbis/Michael Ochs Archives 67h. Corbis/Steve Schapiro 12-13. Corbis/Flip Schulke 1er plat, 8m, 78, 102, 103h, 109. Corbis/John Springer Collection 66-67. Corbis/Ted Streshinsky 108h. Corbis/Sygma/J. − P. Laffont 122-123. Corbis/Peter Turnley 118h, 126h. Droits réservés 20, 41d, 56b, 115. Getty Images/Kevork Djansezian 132. Getty Images/CNN 126b. Getty Images/Don Cravens 87h, 88b. Getty Images/Hulton Archive 28h, 70h. Getty Images/Hulton Archive/Blank Archives 110b. Getty Images/Hulton Archive/MGM Studio 154. Getty Images/David Hume Kennerly 124. Getty Images/Michael Ochs Archive 155h, 155b. Getty Images/Time Life Pictures/Dirck Halstead 127. Getty Images/Time Life Pictures/Robert W. Kelley 98h. Getty Images/Time Life Pictures/Joseph Louw 110-111. Getty Images/Time Life Pictures/Bob Peterson 117b. Getty Images/Time Life Pictures/Paul Schutzer 5, 8-9, 11m, 93m. Getty Images/Time Life Pictures/Stan Wayman 86. Harpweek.com 17, 25. The Houghton Library, Cambridge 37. Indiana Historical Society, Indianapolis 52h, 52b. International Center of Photography, New York 42-43. The Kobal Collection, Londres 112g, 112d. Library of Congress, Washington 16, 18h, 18b, 19, 22h, 22b, 24b, 28b, 38, 40h, 40b, 41g, 44b, 45, 46h, 46b, 47h, 47b, 51, 61b, 68-69h, 74h, 80m, 80b, 82h, 84, 94, 95b, 133. Louisiana State Museum, New Orleans 29, 33. Magnum Photos/Leonard Freed 15, Magnum Photos/Bruce Davidson 85b. Magnum Photos/Elliott Erwitt 85h. Magnum Photos/Danny Lyon 93b. Magnum Photos/Roger Malloch 106h. Mississippi Department of Archives & History, Jackson 32b,60. The Montgomery Advertiser 89b. NASA 115. National Museum of American History, Washington 53. The New York Public Library 39, 42, 57, 63, 64-65, 72-73. Collection Gilles Pétard 113d. Eugene Richards 122. Rue des Archives 121b. Rue des Archives/BCA 91. Rue des Archives/The Granger Collection 30h, 31, 35b, 71h, 73d, 83h, 130-131. Rutherford B. Hayes Presidential Center, Fremont 24h. Sipa Press/Associated Press 97, 106-107b. Sipa Press/ Associated Press/Bill Hudson 96. Sipa Press/Associated Press/Lisa Krantz 129. Starface/Polaris/Stephen Shames 108b. University of Massachusetts, Amherst 49b, 50h, 50b. Dan Weiner 87b. White House Press Office/Cecil Stoughton 101.

[著者] パップ・ンディアイ

歴史家。フランス社会科学高等研究院北米研究センター助教授。アメリカとフランスの黒人の歴史に関する論文を多数執筆。著書に、『黒人の生活環境、フランスのマイノリティ論』(カルマン=レヴィ社、2008年) などがある。

[監修者] 明石紀雄(あかしのりお)

筑波大学名誉教授。アメリカ建国史、アメリカ人種・民族関係史専攻。著書に『トマス・ジェファソンと「自由の帝国」の理念』(ミネルヴァ書房)、『新版エスニック・アメリカ』(有斐閣)、『モンティチェロのジェファソン』(ミネルヴァ書房) など多数。本シリーズ『多民族の国アメリカ』(双書番号66) も監修している。

[訳者] 遠藤ゆかり(えんどう)

上智大学文学部フランス文学科卒。訳書に本シリーズ84, 93, 97, 100, 102, 106~109, 114~117, 121~124, 126~131, 134, 135, 137~140, 142~148『私のからだは世界一すばらしい』(東京書籍) などがある。

「知の再発見」双書149　　**アメリカ黒人の歴史**
―自由と平和への長い道のり

2010年10月20日第1版第1刷発行
2021年3月10日第1版第2刷発行

著者	パップ・ンディアイ
監修者	明石紀雄
訳者	遠藤ゆかり
発行者	矢部敬一
発行所	株式会社 創元社 本　社❖大阪市中央区淡路町4-3-6 TEL(06)6231-9010(代) FAX(06)6233-3111 URL❖https://www.sogensha.co.jp/ 東京支店❖東京都千代田区神田神保町1-2 田辺ビル TEL(03)6811-0662(代)
造本装幀	戸田ツトム
印刷所	図書印刷株式会社

落丁・乱丁はお取替えいたします。
©Printed in Japan　ISBN 978-4-422-21209-8

JCOPY 〈出版者著作権管理機構 委託出版物〉

本書の無断複製は著作権法上での例外を除き禁じられています。
複製される場合は、そのつど事前に、出版者著作権管理機構
(電話 03-5244-5088、FAX 03-5244-5089、e-mail: info@jcopy.or.jp)
の許諾を得てください。

本書の感想をお寄せください
投稿フォームはこちらから▶▶▶